教育部人文社会科学研究一般项目
项目编号：14YJA630070
项目名称：面向需求的农村电子政务市场化建设研究
项目主持人：夏露
项目成果材料之一：专著书稿

夏 露◎著

面向需求的农村电子政务市场化建设研究

MARKET-ORIENTED CONSTRUCTION OF
RURAL E-GOVERNMENT IN DEMAND

经济管理出版社
ECONOMY & MANAGEMENT PUBLISHING HOUSE

图书在版编目（CIP）数据

面向需求的农村电子政务市场化建设研究/夏露著 . —北京：经济管理出版社，2017.8
ISBN 978 - 7 - 5096 - 5112 - 4

Ⅰ.①面… Ⅱ.①夏… Ⅲ.①农村—电子政务—市场化进程—研究—中国 Ⅳ.①D630.1 - 39

中国版本图书馆 CIP 数据核字（2017）第 095605 号

组稿编辑：何　蒂
责任编辑：杨国强　张瑞军
责任印制：黄章平
责任校对：赵天宇

出版发行：经济管理出版社
　　　　　（北京市海淀区北蜂窝 8 号中雅大厦 A 座 11 层　100038）
网　　址：www.E - mp.com.cn
电　　话：（010）51915602
印　　刷：北京玺诚印务有限公司
经　　销：新华书店
开　　本：720mm × 1000mm/16
印　　张：10.25
字　　数：196 千字
版　　次：2017 年 8 月第 1 版　2017 年 8 月第 1 次印刷
书　　号：ISBN 978 - 7 - 5096 - 5112 - 4
定　　价：42.00 元

·版权所有　翻印必究·
凡购本社图书，如有印装错误，由本社读者服务部负责调换。
联系地址：北京阜外月坛北小街 2 号
电话：（010）68022974　邮编：100836

目 录

第一章 基本概念 ··· 1

 第一节 电子政务 ·· 1
 第二节 农村电子政务 ·· 2
 第三节 农村电子政务市场化建设 ······································ 9

第二章 农村电子政务市场化建设研究的理论基础 ············· 13

 第一节 农村电子政务市场化建设研究依托理论 ················ 15
 第二节 国内外研究现状 ·· 24

第三章 农村电子政务需求与市场化建设动力 ······················ 28

 第一节 农村电子政务需求 ·· 28
 第二节 农村电子政务市场化建设动力分析 ······················ 33
 第三节 市场化建设是农村电子政务发展的必然要求 ······ 41

第四章 面向需求的农村电子政务市场化建设模式 ············· 59

 第一节 社会化合作建设模式 ·· 59
 第二节 政府主导市场化建设模式 ···································· 68

第五章　面向需求的农村电子政务市场化建设主体和内容 …………… 71

　　第一节　面向需求的农村电子政务市场化建设主体 ……………… 71
　　第二节　面向需求的农村电子政务市场化建设内容 ……………… 79

第六章　面向需求的农村电子政务市场化建设风险——寻租分析 …… 90

　　第一节　农村电子政务市场化建设外包风险及成因 ……………… 90
　　第二节　寻租风险源 …………………………………………………… 95
　　第三节　寻租风险的博弈分析 ………………………………………… 104
　　第四节　市场化建设中寻租风险防范策略 …………………………… 112

第七章　面向需求的农村电子政务的市场化建设策略 ………………… 119

　　第一节　农村电子政务建设的市场化思路、原则与目标 ………… 119
　　第二节　促进农村电子政务及市场化建设的分步策略 …………… 125
　　第三节　面向需求的农村电子政务的市场化建设顶层设计 ……… 131
　　第四节　面向公众需求的电子政务服务性评价 …………………… 138

结束语 …………………………………………………………………… 152

参考文献 ………………………………………………………………… 156

第一章 基本概念

农村电子政务,又称"政府上网",20世纪90年代初,我国在农村科技信息应用基础上,加快信息资源采集、整理与面向社会服务的步伐,积极推进农村信息共享与低成本应用,并从政策、法律制度、技术规范、组织管理运营机制等方面保证农村电子政务正常秩序,促进农村基层政府与公众间的双向交流,与当今全球政治民主化、管理扁平化的"以人为本,创造和谐社会"先进思潮不谋而合。在信息化洪流下,电子政务对农村基础政府的运行效率与效能已然成为重要的影响因素。

本书关键词:电子政务、农村电子政务、农村电子政务市场化建设。

第一节 电子政务

联合国经济社会理事会将电子政务定义为:政府通过信息通信技术手段管理公共的方式,旨在提高效率、增强政府的透明度、改善财政约束,提高公共服务质量,赢得广泛的社会参与。政府借助现代科学技术和信息网络,实现高效、透明、规范的电子化办公,目的是将政府管理和服务转移到网络上运作并完成,超越时间、空间和部门的约束,向社会提供优质、高效的政府信息资源。利用现代信息以及通信,对政府的工作内容和组织构成进行合理安排,避免其受到部门、时间的限制,为公众提供全面、优质的信息服务,促使政府转变服务理念、管理手段变革。

电子政务概念有狭义和广义之分。狭义上,电子政务指在企业和各部门之间、公众和政府间、政府各部门之间实施的网络化和信息化,使得政府相关执行部门中的业务流程和组织方式发生变革。广义上,电子政务包括狭义概念的所有内容,它是为使公众以及政府各部门之间更加方便、高效地沟通,进而增加"政务民主化实施模块",是政府机关运用先进的信息技术以及现代管理理论对社会公众以及政府内部和部门之间进行高效管理的电子化公众服务。

电子政务的内涵从以下三个方面理解：

（1）将当前的信息技术作为依据。电子政务与传真、电话等处理方式存在显著的差异，它是利用现代信息技术处理政府工作，建立电子政务，硬件设施和信息技术是必需保障。

（2）电子政务体现政务和电子的结合。电子政务是一种服务，电子属于提供服务的一种手段和载体，政务是主要内容，将它们结合在一起可以使政府工作效率得到有效的提升。假如只重视电子手段，不重视政务工作，将无法改善政府的服务效率，而且会阻碍电子政务的建设工作。

（3）将流程优化和政府职能转变相统一。为使电子政务发挥积极的作用，政府必须对自身的业务流程进行改进，构建科学合理的组织体系，这样才能提高电子政务的使用效率。如果政府没有优化业务流程，未调整组织结构，那么信息技术就无法与政府组织完美衔接在一起，这会影响政府工作的开展。

通常，从电子政务对象看，电子政务有三种类型，即政府针对公众建立的电子政务系统；政府针对企业建立的电子政务系统；政府内部建立的电子政务系统。电子政务提供的服务概括为五类：网上政府、事务服务、信息服务、功能服务、决策服务。不仅是现代信息技术的应用，更重要的是通过将电子政务与政府机构改革和工作流程重组，实现政务与信息化的融合，提高政府服务的效率；通过网络技术的应用，使传统政务活动中难以做到的信息实时共享和双向交互成为可能，提高政务的透明度和满意度。电子政务，"电子"是手段、工具和载体，政务是目的，只有达到改善和创新政务管理，才是真正意义上的电子政务。

第二节 农村电子政务

农村电子政务，是以计算机和网络技术为载体，农村政府为达到与个人、社会团体便捷高效交互信息的目的而采取的基础公务管理方式。其中，部分政府管理、服务职能的网络化打破传统政府管理体制运作中时空及人为条件制约，使政府组织结构及其工作流程重组优化，同时向公众提供低成本、高效益、更加优质的政府服务。

电子政务在城市发展相对较为完善，农村电子政务在东部发达地区取得了一定的成绩，有些地方甚至优于城市水平。但在广大中西部地区，硬件建设落后，公众信息化接受能力较弱、整体经济实力相对薄弱，决定农村电子政务与城市电子政务不尽相同，如表1-1所示。

表1-1 农村电子政务与城市电子政务

	农村电子政务	城市电子政务
文化基础	农村居民的信息技术水平偏低	城市居民的信息技术水平较高
基础设施	网络设施较差，投入少	网络设施较完善，基础设施较多
地理位置	农村居民地理位置分散	城市企业和公众相对集中
建设内容	农村居民侧重于更多农业生产、生活，涉农的信息与行政审批	内容广泛，涉及行政审批、卫生、教育、职业、法律、税务、金融等各部门
建设进度	分时段进行，时间跨度大，建设周期长	进展更快，建设周期相对要短
建设途径	优先发展电子商务，以电子商务带动电子政务，最后"政商分离"	电子商务与电子政务协同发展，互相促进，电子政务略领先于电子商务的发展

我国电子政务在城市发展和应用已经比较广泛，但广大农村区域的电子政务建设相对滞后。推动农村电子政务建设，提供面向"三农"的公共服务，能有效带动农村政治、经济、文化、社会等各方面发展。以农村信息基础设施建设为重点，加强农村电子政务平台建设，利用数据中心资源、软件资源和网络资源，实现各部门和县—乡—村之间的资源共享及信息传递，提高办公效率；依托互联网，集约建设面向农村的电子政务公共服务平台，政务公开和发布信息，整合面向公众的各种服务，实现网上联合办公和"一站式"服务，提供在线投诉和及时反馈的双向互动，提高办事效率。建立村务管理信息网络示范平台，实现村务信息公开和村务管理透明化，保障广大农民知情权，增强农民参与管理能力，促进村民自治和民主管理，加强农村党建工作信息化，增强党员对农村信息化的带动作用等。

我国把农村电子政务定位于"提高基层工作效率、减少成本耗费"，《南方日报》专题报道全国首个农村电子政务公开栏——广东省德庆县的农村党风廉政信息平台的应用。据报道：通过电子政务信息平台，将所有村民关心的村务信息置于平台，村民通过电视、电话、手机短信等点播途径即可查询到村务相关信息以及信息技术的应用，为我国农村电子政务建设提供新的思路和手段。

一、农村电子政务的发展

近十多年来，党和国家高度重视信息化建设，党的十六大明确提出"信息化是我国加快实现工业化和现代化的必然选择"，并把"大力推进信息化"作为21世纪初期经济建设和改革的主要任务之一。党的十七大提出"大力推进信息化与工业化融合"，将信息化作为与工业化、城镇化、市场化、国际化并列的社会经济五大发展趋势之一。党的十八大报告提出"促进工业化、信息化、城镇化、农业现代化同步发展"，进一步凸显"信息化"的突出地位与特殊作用。党中央在高度重视国家宏观的经济社会信息化建设的同时，日益重视农村信息化建设。最近13年来，有关"三农"发展的中央一号文件明确指出，要加快推进农村电子政务建设工作，如表1-2所示。

表1-2　关于农村信息化建设问题的13个中央一号文件

年份	主要内容
2004	"从2004年起，中央和地方要安排专门资金，支持农民专业合作组织开展信息、技术……服务"、"有关部门要……为农产品出口企业提供信息服务"
2005	首次明确提出要"加强农业信息化建设"
2006	积极推进农业信息化建设，充分利用和整合涉农信息资源，强化面向农村的广播电视电信等信息服务重点抓好"金农"工程和农业综合信息服务平台建设工程
2007	专门提出要"加快农业信息化建设"，并用字的篇幅对农业信息化建设进行具体部署，提出"启动农村信息化示范工程"
2008	专门提出"积极推进农村信息化"，要求"健全农村信息服务体系"，部署推进"金农、三电合一"、农村信息化示范和农村商务信息服务等一系列农村信息化工程建设，"探索信息服务进村入户的途径和办法"，健全制度，提供有效信息服务
2009	在"加快农村社会事业发展"一节提出"推进广播电视村村通、文化信息资源共享"等工程，在"加快农村基础设施建设"一节提出"发展农村信息化"
2010	具体提出"加强市场动态监测和信息服务"、"推进广播电视村村通、文化信息资源共享……""推进农村信息化，积极支持农村电信和互联网基础设施建设，健全农村综合信息服务体系"
2011	结合加快水利改革发展，提出推进水利信息化建设，全面实施金水程全文直接出现"信息"、"信息化"、"信息技术"、"信息服务"等有关农村信息化的关键词达10处之多
2012	特别提出要"全面推进农业农村信息化"，要求"加快国家农村信息化示范建设"
2013	首次提出"四个同步发展"，将信息化与工业化、城镇化、农业现代化共同作为解决'三农'问题的重要途径，进一步提出"加快用信息化手段推进现代农业建设，启动金农工程二期，推动国家农村信息化试点省建设"
2014	提出"建设以农业物联网和精准装备为重点的农业全程信息化和机械化技术体系"
2015	"推动新型工业化、信息化、城镇化和农业现代化同步发展"，"引导和鼓励社会资本投向农村建设"

续表

年份	主要内容
2016	大力推进"互联网+"现代农业,应用物联网、云计算、大数据、移动互联等现代信息技术,推动农业全产业链改造升级。此外,促进农村电子商务发展,加快实现行政村宽带全覆盖,创新电信普遍服务补偿机制,推进农村互联网提速降费

资料来源:根据2004~2016年中央一号文件整理。

具体经历三个阶段。

(一)"金农"工程

为加快推进我国广大农村地区信息化进程,建立服务于农村、农业、农民的网络信息服务系统,1994年末,在北京召开"国家经济信息联席会议"第三次会议上提出了"金农工程",标志着我国电子政务在农村地区建设的开始。2005年,"金农"一期工程完成。经过十多年发展,我国农村地区通信基础设施在原有基础上有了较大改观,但由于受各方面条件的限制,农村电子政务形式还比较单一,主要以政府内部简单的办公自动化和文件管理为主,与预期目标还有一定距离。

(二)农村信息化建设项目

随着信息化建设的发展,为了满足农村基层干部与农民对信息化的渴求,推动农村地区信息化进程,进入21世纪后,国家启动"小城镇信息化建设"项目,各省份也根据自身的实际情况开始从整体上对小城镇信息化建设进行合理规划。以广东省为例,在"十一五"规划中,省政府将农村的社区、街道、村委会信息化建设纳入全省信息化建设的规划范畴中,并对其基础设施建设进行统一规划。规划明确指出,将进一步加强镇政府、街道居委会、行政村等基层行政机关的信息化建设,将电子政务服务延伸到街道、社区和村镇,以构建起覆盖省、市、县区、大部分农村政府、居委会和部分村委会的信息网络服务支撑体系。此外,我国农业信息技术研究中心针对小城镇信息化建设特点,开展关键技术研究。该研究主要围绕农村电子政务建设的相关内容展开,主要包括基本的技术标准、网络基础平台、软件应用系统的研发等内容。并在京郊、江浙等比较发达地区进行试点,以求将取得的成果有选择、有针对性地向其他农村改良和推广。

(三)移动电子政务

随着信息技术的飞速发展,移动电子政务有了较快进展。移动电子政务是基于无线网络和移动终端的一种新型电子政务模式。当前,移动电子政务在农村最常见的一种应用形式是以手机通信设备为终端的应用,通过短信等方式可以随时随地查看电子邮件和会议安排通知、浏览和审批公文等。其中,最典型的就是手机短信平台的建立和应用,手机短信平台可以在政府内部间、政府与公众之间搭建起高效、畅通的沟通渠道和快捷的响应机制。就政府而言,以政府内部会议通知为例,以前需要给每个与会人逐一打电话通知,尽管工作人员常常被搞得口干舌燥,但并不一定能说清楚、通知到位,而现在只需要轻松简单地点击,通过短信群发的形式就能把会议时间和地点准确无误地通知到每一个与会人,这样无疑提高了农村政府的内部办公效率。技术的推进,将进一步促进农村移动电子政务的发展,提高手机数据的传输速度,改善手机的传输和接收信号,实现全球范围内无缝连接。手机用户可直接访问普通的政府网站,不需要开通,且随着手机的普及,农村政府基层干部可以运用手机办公和公共服务。

农村电子政务的特点。

农村是我国约7亿农民的聚居所在地,农村政府是广大农村地区的基层政权组织。农村政务承担着国家管理农村社会事务中庞杂且却又十分具体的工作。农村电子政务有其自身的特点,主要表现在以下几个方面:

(1) 服务对象的单一性。农村政府是最贴近广大农民的基层政权,农村所辖区是广大农民群众的聚居地所在,因此,农村电子政务的主要服务对象就是农民农业。

(2) 服务主题的针对性。电子政务的服务对象决定其服务的主题和服务的内容,农村电子政务的服务对象是广大农民群众,农村电子政务建设的主题和内容也应该立足于农村,针对广大农民群众特定群体的需要开展,这种需要主要体现在农民的生产和生活两个方面。生产方面包括种植业、养殖业、渔业等产前的市场供求信息的咨询,产中的先进技术的推广和病害虫的防治,产后的销售服务,以促进农民增产增收;生活方面主要包括农村教育和医疗信息化服务、农村财务收支公开、人口户籍管理、涉农行政审批等。

(3) 建设进程的渐进性。我国大部分农村分布在各省的偏远山区,山川河流相对较多。农村除由行政村组成外,还有很多自然村落散落在农村的各个角落,结构分散,不但农村政府办公地与行政村之间相距较远,而且行政村与行政村之间、同村农户邻里之间都有一定距离,物理上的天然屏障在一定程度上加剧了电子政务基础设施建设的难度,导致网络进村入户率低,"最后一公里"现象普遍存在。且农村地区经济社会发展相对比较滞后,人民群众的收入水平普遍偏低,农民的信息素养不高。因此,相对于大中型城市电子政务建设而言,农村电子政务的建设时间跨度相对较大,周期也相对较长,往往呈现出渐进式的发展特征,从无到有,从初级阶段到高级阶段,从简单的服务到全方位的服务,农村电子政务只能在应用和发展中不断地完善及突破。

(4) 建设途径的特殊性。与大中型城市社区电子政务模式不同,农村电子政务建设一般遵循"先商后政",以电子商务带动电子政务,最后实现"政商分离"的形式开展。由于农村电子政务主要是服务于农民,如果农村电子政务建设按以往电子政务操作思路,让农民去网上申报宅基地或者网上投诉,这些都难以取得理想的效果。对于农民而言,最重要的是通过获取准确、及时的科技信息和市场信息,使自己快速脱贫致富,改善当前的物质生活水平。因此,农村电子政务平台不仅是信息平台,更应该是交易平台,"先商后政"解决电子政务所需的资金问题,而且使农民能够对电子政务有所了解和熟悉,逐步接受和使用电子政务。

二、农村电子政务的功能和作用

由于农村电子政务功能的提供者(政府涉农部门、乡镇一级党政机构、具有农业管理职能的事业单位、乡村一级自治机构)和服务对象(农村、农业、农民)的特殊性,政府对农村经济市场开拓、合理处理信息资源发挥着重要功能和作用。

(一)农村电子政务功能

农村电子政务关注经济发展不平衡的"数字鸿沟",通过政务网络将闭塞、分散的乡村与政府直接联系,丰富农村生活内容,制订信息实施方案,降低政府决策行动盲目。

(1)促进农业信息在农村全面渗透与应用。加强涉农信息在农村社会生活和经济领域的渗透与应用。表现为:凭借组织、人力和智力优势,贴近农民生产生活,提供与"三农"问题密切相关的国家法律法规与地方政策、农业技术、农产品市场等实用信息,方便农民在信息畅通的条件下对生产要素的获取和利用,增强农民的农业生产与经营能力;依靠信息技术优势,农村电子政务创设主体——各乡镇政府及其涉农部门,向农民提供方便查询的与"三农"相关的文化教育、公共卫生、科技、医疗救助、社会保障、减灾救灾、森林防火预警等公共服务信息,避免农民由于获取信息不畅而误事,推动农村电子政务的发展,使其真正惠及农民。

(2)丰富农村文化和农民生活。农村休闲娱乐选择较少,农民业余生活相对单调,农村电子政务的硬件建设和软件应用能够引导农村生活。表现为:网络基础设施建设有利于大众信息的传播与普及,惠民政策能够引导农村家用电器的广泛使用,可极大地提高农民的生活质量,丰富农民生活内容;电子政务作为政府主导建设的专业信息系统平台,与其他互联网渠道信息相比,更具有可靠性,通过电子政务平台窗口的海量网络信息,引导农民了解国内外权威资讯,开阔视野,使农民的思想观念、价值观念、消费观念和生活方式等因此发生改变;电子政务网站信息引导社会主义先进文化在农村的渗透，推动乡风文明，使科学的理论、正确的舆论、高尚的精神文化传播成为农村文化的主流，引导农民生活向多样性、高层次、个性化发展。

（3）加强民主参与和基层民主建设。传统上，农民民主参与手段单一，参与热情低。农村电子政务创新农民民主参与手段，拓宽农村社情民意的表达渠道，提高农民思想文化素质。表现为：电子政务"农村政务管理系统"将公开信息具体传达到各村镇，方便农民了解，增加农民的知情权，提升农民民主地位；电子政务提供的交流平台推进乡村政务公开和村务公开，以行政村为单位，通过村级局域网平台畅通的信息功能，实现民主事务的网上投票、表决与协商，降低民主参与成本，扩大农村基层民主的范围，也使政府与农民间的距离缩减，农民对国家政治、国际时事的关注程度提高，参政能力增强；电子政务系统中，农民可以借助信息反馈模块直接将诉求传达到政府，政府有机会在第一时间获取民意动向，了解农村地区的社情民意，促进村民自治和民主管理等基层民主的实现。目前，政府主导的农村电子政务成为基层民主不可或缺的载体，在农村基层民主建设中，农民越来越主动地参与到民主决策、民主管理和民主监督中。

（4）推进农村经济与社会跨越式发展。市场信息畅通是农村经济社会发展的关键。中国广大农村有着丰富的自然资源、富足的农副产品和剩余劳动力，在信息不畅的情况下，交叉优势资源不为人知，更不可能吸引到投资，造成资源的巨大浪费。农村电子政务通过信息加大农村与外界的联系与沟通，促进农村经济社会的发展。表现为：通过网络宣传本地特色与优势，并通过农业主管部门和基层政府为农民提供农产品市场信息及服务，通过政府主导网站与市场双重调控，使农民能及时获取畅通的农产品销售渠道，农村资源得到有效配置，效益得以最大化；通过农村电子政务网络平台，农民可以获取外地务工信息，实现农村剩余劳动力合理有效地转移；同时，政府承担着科技兴农的职责，通过农村电子政务网站为农民提供国家科技政策和时效性农业科技信息，将农村发展与科技进步有效接轨，帮助农民提高农业生产技能，改变农民传统落后的农业生产方式，促进农村经济社会的发展。

（二）农村电子政务的作用

农村电子政务对农村的发展具有重要作用，促进农业信息应用，方便政府与农民之间的沟通，农民通过信息平台将信息反馈到政府，政府通过信息平台将消息直接传达至农民，推进农村发展。

（1）适应新农村建设的要求。"生产发展，生活富裕，乡风文明，村容整洁，管理民主"是社会主义新农村建设的基本要求。从这一要求出发，研究农村电子政务的必然性与新农村建设的要求紧密结合，新农村建设中的"生产发展"，就是要发展现代化农业，要求必须改变传统农业封闭的生产模式。农村电子政务，针对传统农村生产发展存在的问题，为农业生产发展带来可靠的信息支持。同时，借助农业信息平台，建立和开发农产品物流配送系统，为农民提供一个交互信息平台，让农民可以准确地把握市场信息，在农产品交易中获利，最终实现"生活富裕"的要求。电子政务应用于农村将有效改变基层行政工作人员和广大农民的观念。通过构建农村电子政务体系，可以满足农民科技培训的需要，促进农村精神文化建设，有效推动"乡风文明"。同时，通过建立信息化手段代替传统的"贴大字报"的形式将信息公开，更有利于农村"村容整洁"的目标实现。

（2）实现农村基层民主与监督。村民应该享有充分的知情权、参与权、表达权和监督权，这样才能确保实现农村基层民主的发展。农村电子政务有助于实现村内的财务管理、土地管理、涉农收费等一系列与农民群众利益密切相关的事项全部公开，从而"确保权力在阳光下运行"。赵丽敏等认为，通过村级电子政务建设能够有效实现政务公开，拓宽农村社情民意表达渠道，加强村民参政议政，促进村民自治和民主管理。同时，推进农村基层党风廉政建设，运用发展的思路和改革的办法，加之借助现代信息化的手段，可以有效地防治腐败。

（3）推动农村信息化建设。带动村内经济发展农村电子政务是推动农村信息化建设的一个关键点，加快农村电子政务建设，能够全面促进信息技术在村级政府、农村社会以及农民生活各领域的应用，更好地促进农村的信息化发展，缩小城乡之间的"数字鸿沟"。已有的研究得出这样一个结论：农村电子政务的发展会推动农村信息化建设，信息化在农村生产、生活中的应用和普及将给农业生产发展带来极大的便利，以及充分的信息资源，这些便利和信息，最终将直接带动农村的农业经济发展。

第三节　农村电子政务市场化建设

当前，国家对农业补助、农村土地等都是关乎农民切身利益的重要问题，需要有系统平台，信息公开，开展政府工作。农村的快速发展与现代化、产业化的发展趋势必然要求农村走电子政务信息公开道路，对农村电子政务建设方式提出要求，市场化成为必然选择。

一、农村电子政务市场化建设的含义

针对电子政务类型和政务服务项目的理解，电子政务市场化建设是指在政府

机构运用各种网络通信技术及计算机技术的基础上，在互联网上重组政府组织结构、优化政府工作流程促进与社会之间的合作，利用竞争机制、价格机制、供求机制与约束机制，调动社会资源参与政府公共服务的供给过程，使政府更好地实现其管理和服务职能，打造让公众满意的电子政务软硬件和业务。可以分解为：

（1）农村电子政务市场化建设是在建设电子政务时引入市场模式，使农村电子政务的服务主体更加多元化并互相竞争发展，以期解决农村政府在电子政务服务领域投入不足、经营不善、效益低下、资源浪费等问题。加强政府和市场主体之间合作与交流，使政府工作效率得到有效提升，改善政府服务水平。在农村电子政务市场化建设中，丰富供给方式，提高供给效率，将政府作为主体，其他组织和企业共同参与，共同推进电子政务建设步伐。

（2）农村电子政务市场化建设主要问题是政府服务理念的转变以及职能的调整，这是农村电子政务市场化建设的重要保障。要使农村电子政务得到有效应用和推广，必须做好上述工作，如果政府不变革自身就无法改善服务效率。农村电子政务建设与普通产品的生产制造有着巨大的差异，建设中要投入大量资金。为使电子政务系统发挥有效作用，政府必须转变职能，建立完善组织机构，确保新组织与电子政务相统一。许多政府在建立电子政务时没有考虑到上述问题，未对自身职责进行全面的分析，即使建成电子政务系统也无法使其发挥有效的作用。

（3）农村电子政务市场化建设突破电子政务传统模式，在利用市场模式建立电子政务时必须对其可行性进行深入探讨和研究，政府在将部分或所有项目外包给承包商时，必须考虑自身利益，避免在建设电子政务时遇到巨大的风险；还要分析如何解决建设中出现的问题。只有综合考虑各个影响因素，才能采取措施克服各项困难，顺利建立电子政务，提高政府信息的使用效率。

二、农村电子政务建设的指导思想

契合公共事务和行政管理市场供给趋势，丰富农村电子政务建设理论。在经济相对落后、收入相对较低的农村，电子政务建设会遇到困难。同时，面对无序竞争、"寻租"、关系博弈等问题，本书综合考虑政府、治理的有限理性、实施者的"经济人"假设以及农村电子政务建设中的多方合作与博弈，有效处理农村电子政务市场化发展中政府与市场的关系。研究市场化建设中的，意指政府不应该去执行某项操作，它只需要去做决定。在农村电子政务建设提供者同时存在多种身份的局面下，更需要破除垄断的禁锢，引入竞争机制。研究农村电子政务市场化建设中协调市场化过程中政府与市场的关系，搭建电子政务建设者和众多涉农个体之间的交流渠道。对于丰富农村电子政务市场化建设相关的新农村建设、政府信息资源管理、市场资源配置、农村电子政务等理论研究都将有重要意义。

在此认识基础上，研究农村电子政务建设的指导思想：以邓小平理论、"三个代表"重要思想和党的十七大精神为指导，坚持科学发展观，围绕建设社会主义新农村和建设和谐社会为目标，适应现代化建设对政务工作的要求，转变基层政府职能，改变村务管理方式，提高工作效率和监管的有效性，更好地服务农民；以需求为导向，以应用促发展，通过积极推广和应用信息技术，增强政府工作的科学性；采取切实可行的措施，加快农村信息化建设，开发整合信息资源，为农民提供准确、及时的信息和优质的服务，增加农民收入，促进农村经济的繁荣发展。

三、农村电子政务市场化建设尚存问题

农村电子政务市场化建设旨在使企业和民间的投资日益成为电子政务资金来源的重要渠道，政府作为电子政务工程项目投资的唯一主体的角色逐渐地消退。尽管近几年来我国农村经济有明显的改善，农业电子政务建设发展迅速，但农业电子政务建设在实践中也反映出不少问题，实施面临着多方面的制约因素，农村电子政务在社会中建设的整体推进速度还很缓慢，表现为：

（1）"最后一公里"问题。通信基础设施建设投入严重不足，我国的农业信息体系建设投入，特别是体系基础设施建设投入还有较大差距。电话、电视在农村中已经普及，但是互联网覆盖率不高，其中处于中西部的偏远山村，"村村通"工程还有待加强推动；信息采集、处理、分析、发布等手段落后，农业信息网提供的信息滞后、不全面，难以满足全球经济一体化环境下农业和农村经济发展的需要，农村电子政务建设"最后一公里"问题依然存在。

（2）农村电子政务的服务性、政务性、业务性产品不能够适应我国目前农村的多态化现状。"以服务对象为中心"的服务理念还没有得到真正体现。农民、涉农企业或个人是各级农业部门的服务对象，也必然是农业电子政务的服务主体。评价农业电子政务活动成效的最重要的标准应该是"农民、涉农企业是否需要，是否满意"。但目前，一方面国内对电子政务活动的评价体系还很不完善，另一方面公众在参与电子政务活动中还处于相对被动的地位，他们的真实需求受到的关注不够。农业部门对外服务的农业信息网也存在这种问题，农民、涉农企业或个人的反馈意见没有引起农业部门的足够重视。

（3）信息服务难以形成整体优势。涉农信息由不同部门归口管理，缺乏统一协调的信息服务管理机制，各部门和各单位在电子政务建设过程中分别依靠各自独立、相对薄弱、不尽规范的信息系统进行信息采集及资源开发，标准不够统

一，体系建设存在交叉重复，信息资源尚不能得到充分共享。信息的采集面相对较窄，采集、分析和发布缺乏统一的标准，目前信息的采集范围还主要以国内为主，对国际农业信息涉足不多，与国际有关组织合作力度较小，未能充分利用现有的国际农产品市场信息资源。各主体的信息采集缺乏统一规划和标准，信息分析形式和发布窗口种类繁多，但实用性、统一性和固定性较差，需要加强规范和管理。为农业电子政务系统提供支持数据的农业信息体系整体服务水平不高。到目前为止，我国还没有建立起一支稳定的专业化农业信息服务队伍，现有的信息服务人员素质参差不齐，技术人才不足，培训工作滞后，影响信息服务质量。海外农业信息采集渠道少，不能及时有效地获取国际市场信息，影响对国际农产品市场的开拓。农业信息服务网络不健全，向基层网络延伸才刚刚起步，涉农企业、生产和经销大户入网率低。在不少地方，传统媒体与信息网络之间缺乏有效合作，使信息服务难以形成整体优势，推动农村电子政务即使有相应软件，也不会积极运用，农村电子政务服务主体不能有效配合造成效率低下，造成资源的浪费。

第二章　农村电子政务市场化建设研究的理论基础

农村电子政务发挥方便快捷功能，为农村农民农业带来便利。通常，农村电子政务建设依附于政府，并且含有与其他项目不相容的性质。随着认识的改变，农村电子政务市场化建设应运而生。

政策背景：我国处于工业化、信息化、城镇化、农业现代化"四化同步"推进的重要战略机遇期，加快农业结构改革步伐，促进农村信息化发展是目前我们在涉农问题的重点努力方向。近10年来，中央一号文件连续强调推进农业、农村信息化，而以"阳光政务、阳光村务、农村党员远程教育网和农廉网等"为内容的农村电子政务信息建设项目相继成熟，各级政府也相继出台相关政策为农村电子政务建设提供支持，决定农村电子政务建设比以往任何时候都更为紧迫。

理论背景：西方国家公共选择原理是公共事务市场化革新的一大有效理论支持，这一理论旨在把市场机制内的大众行为同政府体制内的政府行为归为一个分析路径，对以往的经济学理论进行修改与调整，将政府机制考虑纳入对经济的分析中，这一理论是本研究的核心理论基础。市场经济体制下，政府必须干预经济生活，履行经济职能，某种程度上调节市场运行，弥补市场缺陷，纠正市场失灵。传统思维中，政府应遵守公众权益做事而没有其他目的，应该是大公无私的；那些被私人利益驱动的"经济人"存在于市场经济内，要通过显示公众权益的整体规范对其进行约束。在这方面，公共选择理论表达了不一样的观点，其同样采用"经济人"的概念，把政治领域拟真成与经济学市场具有同等意义，解释个体在政治领域所表现出的对各种规范与制度的不同反应，将正利行为引导发展成为公众权益的集体规则，并对这种规则进行说明与构建。农村电子政务向服务对象提供电子化公共服务、公共物品、公共资源和公共设施，具备公共事务的基本特征。根据阿特金森和斯蒂格利茨的农村公共事务定义，农村公共事务是指在农村地区内用来达成其整体需要，具备某种程度上的非排外性或（与）非竞争性的社会产品。公共事务特性决定：对公共事务不可能实行配给，公共事务具有不可分割性，没有办法排除个人从公共事务中获益；个人消费公共物品所带来的收益不会减少其他人消费的数量和质量，将公共事务更多供给边际成本为零，排斥任何个人使用或享有公共事务和服务都是不合理的，也是没有必要的。任何公共事务的建设都有成本且需其受益者共同负担，由"政府参与并由市场供给使得经济外部性内在化"这将部分提高供给效率。

实践背景：据不完全数据显示，截至2016年末，中国有98%以上的地方单位具备了信息化的管理与服务体系，其中有81%以上的属于县级（或以下）的农业单位，信息化服务已经在72%以上的乡（镇）级单位顺利搭建；这些服务平台呈现出"无线数字乡村"、"数字化农村"等特征，其方式多种多样，如"三农"呼叫、农民信箱以及12316热线电话等。同时，一村一品、放心粮油、万户千村、农资商店等服务于广大农村生产和生活的物资交易平台也因为有了统一的电子商务雏形而使得城乡流通领域的差距逐渐缩小。然而，受制于农村经济条件、自然环境，我国广大农村地区网络平台传输不通畅、信息内容有限、政务整合不足，造成城乡差异、制约农村发展。农村电子政务建设不完善对金融市场化的环境下的方针反思，主要表现出六类情况：一是盲目建设，不符合市场供求规律，不是因农业需要、农村需求建设政务网络，而是将政务网络建设起来后再找市场、找服务对象；二是"委托—代理"建设监督机制不严格，评价体系还很不完善，农村电子政务的几大主体需要群体如农民、涉农组织等，其相关参与度较低，基本没有主动参与，权力寻租不可避免地存在；三是不具备合理的信息数据互动平台，涉农部门在进行对数据的收集、整理、分析以及公示等各方面存在违背市场要求的现象，导致农村整体的信息落后与片面化，很难实现市场金融体制背景下的农村与农业发展需求；四是目前在相关建设方面仍存在一些难题，主要体现在投入成本较大与需要较为超前，而对这些问题的解决方式上基本处于放任自由的状态，使得农村与其他地域的发展差距越来越大，待发展区的经济进步急需一种力量解决这些问题，"数字鸿沟"带来的贫富间差距进一步扩大；五是互联网支付上网成本相对农民收入过高，中西部农村信息化普及率较低，出现传播"衰减效应"；六是由于省、市、区领导观念、经济水平、部门职能强弱等因素，造成政府职能部门不能够统一规划农村电子政务，出现了省市区以部门职能垂直规划实施和以地域为特点的片状覆盖，没有形成真正有效的农村电子政务服务机构。

当前，推动农村电子政务发展，迫切要求解决面向市场出现的矛盾和问题，科学构架市场化建设实施措施。本书以公共选择理论、委托代理理论、博弈论、寻租理论、风险理论为农村电子政务市场化建设研究的理论基础。

第一节 农村电子政务市场化建设研究依托理论

一、委托代理理论

委托代理理论（Principal Agent Theory），又称契约理论或机制设计理论，是指一个或多个行为主体根据一种明示或隐含的契约，指定、雇用另一些行为主体为其服务，同时授予后者一定的决策权利，并根据后者提供的服务数量和质量对其支付相应的报酬。授权者是委托人，被授权者就是代理人。20世纪60年代末70年代初，委托代理理论由经济学家深入研究企业内部信息不对称和激励问题发展起来。

（一）公众与农村政府委托代理的理论依据

公众与农村政府委托代理理论的假设前提：效用目标的冲突，政府效用目标更具有复杂性，使得政府"代理人问题"具有高发性，政府代理具有多层级性，形成政府、政府职能机构和公众之间"三角"形的委托代理关系。政府和政府机构要兼顾上游委托人、下游代理人以及自身三重性利益目标，经济目标和社会目标等多元化目标共容的难度大。当目标发生冲突时，机构代理人往往可能选择损害公众利益、国家或政府利益而维护机构或个人利益。在农村社会治理中，没有任何"看不见的手来自动地促使个人行为服从公共的利益"。作为初始委托人的公众行为能力弱化，政府强制代理使得公众没有退出机制，社会共同体规模大，成员多而分散，使每一个体初始委托人的监督力度有限，甚至可能对改善代理人的行动毫无影响，公众的监督成本和收益严重不对称，降低公众监督的激励，促成每个成员采取"搭便车"的自利选择，"代理人问题"更加频发。在缔约过程中，政府具有扩大预算规模的倾向；在履约过程中，由于职位和预算规模已定，政府人员报酬具有稳定性，工作人员效用主要受监控变量的影响，并与监督成本和监控信息变量反向变动，它表明委托人应尽可能提高监督水平。因此，监控制度在政府治理中应具主导性，但代理人的边际努力会随监控水平的提高而下降，监督成本具有限制性，最高不能高于监督收益，而代理人的努力与代理人职位变动正相关。因此，农村政府治理中强调约束机制主导时，也要适当引入部分合理的激励机制。

（二）委托代理关系形成的决定因素

电子政务建设是一项复杂的系统工程，政府部门或机构很难完全依靠自己的力量进行电子政务系统的开发、维护和运营,市场化建设是电子政务的重要发展选择,而委托代理是主要的实现方式,电子政务市场化建设过程即为委托代理过程。

(1) 主体参与的积极性。农村电子政务市场化建设的委托代理关系中,如果市场主体不主动参与到电子政务服务承包实践中,如果他们对电子政务服务承包持消极或抵触的态度,那么农村电子政务市场化建设事业发展会极为缓慢。双方都是单个的人并且基于双方的权利和义务形成有效契约的,代理人的每一次行为都会对双方的利益造成影响。委托人可以决定支付相关事项,如支付方法、支付时间。与此同时,委托人可根据契约决定支付给代理人的最终报酬。

(2) "专业化"的存在。当存在"专业化"时可能出现一种关系,在这种关系中,代理人由于相对优势而代表委托人行动。现代意义的委托代理的概念最早由罗斯提出:"如果当事人双方,其中代理人一方代表委托人一方的利益行使某些决策权,则代理关系随之产生。"委托代理理论的中心任务是研究在利益相冲突和信息不对称的环境下,委托人如何设计最优契约激励代理人。委托代理理论的主要观点认为:委托代理关系是随着生产力大发展和规模化大生产的出现而产生的。其原因,一方面是生产力发展使得分工进一步细化,权利的所有者由于知识、能力和精力的原因不能行使所有的权利;另一方面是专业化分工产生了一大批具有专业知识的代理人,他们有精力、有能力代理行使好被委托的权利。但在委托代理的关系当中,由于委托人与代理人的效用函数不一样,委托人追求自己的财富更大,而代理人追求自己的工资津贴收入、奢侈消费和闲暇时间最大化,这必然导致两者的利益冲突。在没有有效的制度安排下,代理人的行为很可能最终损害委托人的利益。

(3) 合理的合同。农村电子政务建设项目外包的委托代理关系,指政府作为委托人和IT代理人签署外包合同,将部分或全部电子政务信息技术资源委托给外包服务承包商。但实际情况是双方之间的信息不对称,这是一个严重的问题,应用不容乐观。从经济管理角度来说,信息不对称是指合作双方对于合作信息了解不全面。而该问题的出现会对合作双方在市场中运行、发展该项目及最终受益产生不良影响。基于此,委托人如何制定一份合理的合同让代理人获得其利益最大化,同时让委托人也获得最大的利益,是委托代理框架所面临的一个重要难题。也即在制定合同时,应考虑如何使双方的利益保持平衡,委托人与代理人在农村电子政务市场化建设中的利益关系,具备构成委托代理关系。

(三) 电子政务建设中公众与农村政府委托代理的要件

委托代理理论是制度经济学契约理论的主要内容之一,构成委托代理模型一般有三个要件。

(1) 信息的非对称。非对称信息博弈论在经济学上的应用，即代理人因具体操办委托人交办事宜而拥有比委托人更多的隐蔽信息（Hidden Information），使代理人处于信息优势地位，而委托人处于信息劣势地位。在非对称信息的情况下，委托人对代理人信息的了解程度可以由委托人自己选择，通过监督委托人，在一定程度上更多地了解代理人的信息，加强对代理人的激励和监督。但信息的获取是有成本的，委托人面临着选择最优监督力度的问题。农村电子政务外包的委托代理关系指政府作为委托人和IT代理人签署外包合同，将部分或全部电子政务信息技术资源委托外包给服务承包商代为管理。现实情况是，委托人和代理人之间存在严重的信息不对称。信息不对称在经济管理领域的定义：市场交易的各方对有关交易的信息没有全面、充分和真实的了解，即整个交易是在不透明的前提下进行的。政府要确保公众的利益能够得到切实维护，但承包商不会永远站到政府的角度思考问题，这种信息不对称和发生相应的信息成本以及由此产生的逆向选择将影响到市场机制的正常运行，影响到市场的均衡状态和效率。张维迎在《博弈论与信息经济学》中指出，委托代理关系泛指任何一种涉及非对称信息的交易，交易中有信息优势的一方称为代理人，而另一方称为委托人。委托人的问题是如何根据信息奖惩代理人，以激励其选择对委托人最有利的行动。对于委托方来说，监控代理方的行动是较昂贵的，导致"代理成本"的出现。其描述了一种在信息不对称条件下的交易关系。当B接受A授予让其代表自己行使某些合法权时，他们之间的关系就成为委托代理关系，A成了B的委托人，B成了A的代理人。与此不同的是，从经济学角度出发，委托代理是根据行为主体拥有的信息量的差别，界定"委托人"和"代理人"的概念的，即在交易中把有信息优势的一方称为代理人，另一方称为委托人。在这背后隐藏一个假设，是拥有信息的一方其信息会对不知该信息的一方产生利益方面的影响。基于此，委托人和代理人往往以契约的形式来明确双方的责任和义务。委托代理理论认为，代理人拥有的信息量经常处于优势地位，而该情况会影响代理人的价值判断及为委托人办事的积极性。同样在外包过程中也存在委托代理关系，并随之产生了代理成本，并且对代理成本的预期是政府选择外包与否的一个重要的参考因素。

(2) 契约关系。委托代理关系首先是一种契约安排关系，契约规定委托人与代理人的责、权、利界限，以及某一可立约指针（如利润指针）之间的函数关系。在契约理论中，某个行为主体或几个行为主体按照契约，挑选其他主体开展某些工作以此获取利益，其他主体按照契约开展工作时可行使一定的权力，同时也要受到约束和限制。委托代理框架契约关系最基本的问题是：委托人如何设计代理人能够接受的契约（激励机制）促使代理人采取适当行动，在代理人追求自身效用最大化的同时最大限度地增进委托人的利益。也就是说，在这个框架中存在一个利益均衡：委托人的利益实现建立在自身利益最大化的基础之上。公众与农村政府在电子政务建设中的利益关系，具备构成委托代理关系的三个要件：存在着既定的信息结构、契约关系、利益结构。公众作为委托人，农村政府作为代理人与之构成委托代理关系。

（3）利益结构。农村电子政务市场化建设过程中存在委托代理理论的关系，政府作为委托方，企业作为代理方，在其过程中出现代理成本，代理成本的高低以及成效是政府选择外包的重要因素。在信息不对称情况下，政府不能观察到代理人的行为，这也是农村电子政务市场化建设中运用委托代理理论所面临的难题，如合作双方如何在市场中运行、如何发展项目以及最终的收益等。在这个过程中，委托代理所要解决的一个重要问题是：委托人应如何设计合同，确保自身和代理人都能获得利益满足。简单来讲，委托人在设计合同时必须协调好双方的利益关系。电子政务建设时，政府和企业之间建立了委托代理关系，为使农村电子政务项目顺利实施，政府必须处理好彼此的利益关系。

二、公共选择理论

1940 年，学者提出公共选择理论，1960～1970 年公共选择理论得到完善。广义上，公共选择理论是运用经济学的方法研究非市场决策，是将经济学应用于政治学，研究政治学和经济学之间关系的一门新兴学科。以现代经济学分析民主立宪制政府的各种问题的学科，传统上是属于政治学的范畴，运用经济学的分析方法和分析工具研究政治领域中如何运作政治决策机制的理论。

公共选择理论采用许多不同的研究工具，包括研究对效用最大化的局限，主要内容：①研究政府决策行为的基础理论，相对于与经济学注重价值判断来说，公共选择理论注重的是政府在决策时怎么做，其重心是作为一个集体的政府来说选择了何种决策方式；②从经济学的角度出发，做出经纪人假设，政策选择行为是基于个人选择行为的，而个人选择同样离不开政策选择；③公共选择理论研究选民、政治人物以及政府官员们的行为，假设他们都是出于私利而采取行动的个人，以及研究他们在民主体制或者其他类似的社会体制下进行的互动，集体利益的获得其实是个人利益的获得，集体获得利益的步骤是预计成本—估算收益。坎南归（公共选择派）将以上三点归结为公共理论的三个根本假定，该理论基于三个假定推理出了不少其他结论。

公共选择理论试着从研究官僚和政客的角度探索政府带来的影响，并且假设这些人都是根据自己的私利采取行动，他们的一举一动都是为了增进自己的经济利益。公共选择理论利用经济学的分析方式探索政治上的决策进行过程，以此揭露政府体制下必然出现的效率低落状况。公共选择理论对西方所谓民主社会的政治结构进行了全面分析，它的中心命题和全部的理论意义可以归结为一点，即"政府失败"。在西方出现采取赤字财政和膨胀性的货币政策以刺激经济时，却导致低增长、高失业通货膨胀并发的"滞胀"，在政府干预行为甚至几乎使国民经济到了崩溃的边缘，这些问题的出现不是某个政府决策者一时的决策失误所致，而是政府相关机制运行的必然结果。

"公共选择理论"演绎和模型的运用，使本书研究从价值规范走向科学实证。借助公共选择理论的模型表达和演绎分析，把公共事务建设当成在经济发展中必不可少的内生变量，注重政府与金融的二者相互性，整个研究过程体现科学实证，解决农村电子政务建设中亟待解决的现实需求。本书在农村电子政务市场化建设"寻租"风险的研究中运用公共选择理论，一方面，因为农村电子政务市场化建设中电子政务项目不一定要完全依赖政府，创办农村电子政务市场是基于可行的公共选择理论之上的，也就是把个人预备投入的资金引进至农村电子政务市场；另一方面，基于农村电子政务市场化建设中电子政务项目外包的特性，在政府和投资者进行协作的过程中，与政府建立密切的合作伙伴关系，可以提高项目运行的效率。基于公共选择理论，农民可以更深入地对政府的各个方面，有利于农村电子政务市场的创办、运行和发展。基于此，相关政府机构在安排农村电子政务项目建设的基础设施投入、监管和输出中，在制定农村电子政务建设方案里，组织人员为了扩大自己的利益，极易出现农村电子政务项目建设外包过程中公私合作的失败或项目建设效率不高、工作人员积极性不高而降低社会收益。公共选择理论基于此提出可行的解决方案，即在该项目的运行中使各方的关系是竞争关系，以相关规章制度约束及引导农村电子政务市场化建设中各参与者的行为，最终确保社会效益的实现。

基于公共选择理论，本书将一部分农村电子政务建设内容通过合适的建设组织模式让渡给社会组织承担，其价值要义在于公开、透明、高效，降低行政成本，发挥组织成本、技术、效率等竞争优势，降低涉农政府和其他公营部门的支出规模，舒缓专业人力不足的窘态，提出一些新型管理方式，帮助农村电子政务建设能够顺利开展。

三、博弈论

博弈，即一些个人、队组或其他组织，面对一定的环境条件，在一定的规则下，同时或先后，一次或多次，从各自允许选择的行为或策略中进行选择并加以实施，各自取得相应结果的过程。

博弈论，又称对策论，对博弈论有各种定义，但彼此大同小异，均强调局中人策略选择的相互影响，或者说策略相关性。通常认为，博弈论是主体受到其他主体的影响，同时又影响其他主体的计划和平衡问题，研究多个个体或群体之间在一定条件限制下的对局中行为采取相关策略的行为，及理性决策者之间发生冲突时的决策及均衡问题的理论。1944年，数学家约翰·冯·诺依曼和经济学家奥斯卡·摩根斯顿合作的《博弈论与经济行为》标志着博弈理论的初步形成。

（一）博弈的分类

一般情况下，博弈可划分为合作博弈及非合作博弈，主要区别在于博弈参与人之间能否达到一个具有约束力的协议。如果参与人之间能够达成有约束力的协议，则是合作博弈；反之，不能达成即是非合作博弈。我国学者张军贝给出了合作经济博弈的文献综述，系统地论述了合作团队生产中的"可自我执行协议"博弈机制和"完善监督"博弈机制理论。博弈中，各博弈方行动的顺序对于博弈的结果非常重要，不同的次序必然是不同的博弈。合作博弈除了探讨博弈各方如何达成合作外，研究的重点主要是分析达成合作的各方如何分配收益，这些收益通常是由于合作而获得的额外收益。总体上讲，非合作博弈是博弈研究领域的主流方向，非合作博弈中，依据参与人对有关其他参与人的特点、可使用战略空间以及支付函数的了解情况将博弈划分为完全信息博弈以及不完全信息博弈。完全信息博弈指的是所有的参与人对其他参与人的特点、可使用战略空间及支付函数有准确的了解。也可以说，不存在事前不确定性；否则，存在事前不确定性，即为不完全信息博弈。同时，依据博弈参与者行动是否存在先后问题，博弈又被划分为静态博弈与动态博弈。静态博弈指的是在博弈中全部参与人同时行动不存在先后问题，或者即使有先后，后行动者不知道先行动者采取什么具体行动；动态博弈是指参与者的行动存在先后问题，并且后行动者能够通过观察获得先行动者所做出的行动，根据观察到的结果做出相应的反应。综合以上两种划分博弈问题的方法，习惯上将博弈问题又分为完全信息静态博弈、完全信息动态博弈、不完全信息静态博弈、不完全信息动态博弈。

（二）博弈论的分析模型

博弈论中有几个最基础的分析模型，纳什均衡（Nash Equilibrium）是其中一个。纳什均衡提出假设：加入博弈的有多人，如果在集体行动时可以增加利益而个人独自行动时不会有额外的利益出现，并且已知他人决策已经确定的情况下，那么每个人会选择对自身收益最大的方案，每个人所挑选的方案组成一个整体，整个计划也就是纳什均衡。当达到纳什均衡的时候，每个人不会有意地去粉碎它。另外，当让加入博弈的每个人都依据各自的权利和义务签订一个契约，如果每个人都不违反该契约，那么就形成纳什均衡；反之，则不会形成纳什均衡。纳什均衡：所有的参与者在策略组合中，如果其他人策略不变，他此时的策略最优；反之，如果其他人改变策略，则其报酬就会降低。此时称为纳什均衡，求得的解即是纳什均衡解。纳什均衡的前提要求所有参与者采取理性策略，不包含冲动改变策略的单独行为。

农村电子政务市场化建设，涉农政府主管部门将农村电子政务建设项目外包的过程，是一种典型的带有博弈特征的活动。农村电子政务项目外包过程中，农村电子政务项目建设的承包商之间的根本利益是冲突的，其做出的行为选择直接相互影响。每个项目建设的承包商在进行决策时，必须考虑对手的反应，这就使农村电子政务项目建设外包的过程充满了博弈特性。在这种博弈中，涉农政府主管部门与农村电子政务项目承包商都要选择自己的最优战略以达到双方利益的最大化。所以，在农村电子政务建设项目外包的过程中，涉农政府主管部门与农村电子政务项目承包商必然会因各自利益原因形成利益的纳什均衡。本书对农村电子政务建设项目外包过程中政府、涉农政府主管部门与农村电子政务项目承包商之间的博弈过程及博弈结果进行分析，阐述农村电子政务市场化建设与寻租之间的必然联系，得出的结论也是对实际存在的现象进行验证的过程。电子政务市场化建设是委托代理过程，可能出现发包方与承包方双方博弈，若有监理方加入，则存在发包方、承包方、监理方三方博弈。

四、寻租理论

寻租，是政府及其公职人员在公共权力的应用中，利用手中掌握的信息，寻求经济租金的一种非生产性活动，寻租又被定义为是政府及其公职人员的一种寻利活动，是其利用公共权力在经济生活中借助政治活动获得最大利润的行为。寻租的含义有广义和侠义之分，广义的寻租是指在获得已有的利益下，对其他非生产性费用再分配的活动；狭义的寻租是指利用自己的职权获得非生产性的利益。

（一）寻租理论的产生

由于市场经济体制中没有绝对的竞争，政府为了提高市场经济体制的运行效益，经常会对其进行调控。政府处于一个特殊的地位。它的特殊指的是其公共性，并且在外部效应对社会产生不良影响的情况下，有权对其进行直接调控。除开特殊地位，政府也是一位经济人，为了扩大自身利益，在对市场经济调控时，会出现盲点。影响政策的制定有多方面原因，由于政府决策时受到其他限制，市场竞争效果不会达到理想状态。基于此，寻租理论应运而生。寻租的目的是得到政府特别允许而独占、独卖需求者所需要的资源，或者得到政府的保护，发现政府对市场调控后发生的变化而对现有的计划进行调整，从而使自己得到操纵权或不让他人参与这项活动，当政府调控市场经济时，寻租者常常会伺机行动以获得大量利润。

（二）"寻租"风险

"寻租"风险，是指政府机构利用自身职权产生"寻租"行为概率的高低，也就是说在各项条件都符合"寻租"行为的发生时，执权人员也许会产生寻租行为并会带来某些影响。

农村电子政务市场化建设中"寻租"风险是指在农村电子政务市场化建设过程中，在农村电子政务建设项目外包给电子政务项目设计开发商的某些领域和环节，涉农政府主管部门及其公职人员违背农村电子政务市场化建设的基本原则，以个体的利益为根本出发点，使农村电子政务建设项目外包的实际结果与农村电子政务建设项目外包的预期目标相偏离的可能性。

农村电子政务市场化建设中"寻租"风险包含涉农政府主管部门及其公职人员设租以及电子政务项目设计开发商寻租两个方面，设租与寻租可以统一为一个过程。农村电子政务市场化建设中的设租是指涉农政府主管部门利用权力对电子政务建设项目外包的全过程人为的设置需求的障碍，控制整个外包全过程，进而营造环境与条件对电子政务项目设计开发商设租，在其身上获得非生产性利润的活动。农村电子政务市场化建设中的寻租是指电子政务项目设计开发商利用合法或非法的手段获得涉农政府主管部门及其公务人员所设租金，以逃避竞争，实现高额的垄断利润的活动。在这个过程中，设租与寻租的双方都达到了各自利益的最大化。

涉农政府主管部门的公职人员作为经济人，受狭隘的个人利益所驱使，要追求权力效用的最大化，就会产生寻租。假定涉农政府主管部门是设租人，电子政务项目设计开发商是寻租人，整个博弈过程就分为了两个阶段：第一阶段，是涉农政府主管部门不设租，那么双方在电子政务建设项目外包的过程中都没有额外的收益，此时额外收益为0；第二阶段，如果电子政务项目设计开发商不寻租，而涉农政府主管部门设租的话，那么他们双方在电子政务建设项目外包的过程中还是没有产生额外的收益，此时额外收益照样为0。如果电子政务项目设计开发商在农村电子政务建设项目外包的过程中寻租的话，那么他们双方在这过程中都会得到额外的收益。中央政府在委托涉农政府主管部门进行农村电子政务市场化建设的过程中会行使其监察的权利，涉农政府主管部门与电子政务项目设计开发商之间寻租的收益是中央政府可以监察到的，所以涉农政府主管部门与电子政务项目设计开发商之间的寻租行为存在一定的风险。

公共权力的存在是农村电子政务市场化建设中"寻租"风险产生的前提。虽然理论上讲，可以要求涉农政府主管部门超凡脱俗，从农村社会和经济发展的全局利益出发，以客观公正的第三者身份对待农村电子政务市场化建设问题，实际情况是涉农政府主管部门同时作为一个有理性的经济人与经济生活密切联系在一起，具有个人的利益价值和利益取向。不难看出，各个权力机构在执行国家下达的政令时都会斟酌自身的利益。由于其追求的利益之间的差别，各个权力机构甚至会发生冲突。为了协调利益冲突，各机构通常会使用职权使某些不合法的行为产生而使自己的利益最大化。如果市场实现了完全竞争，主体只能通过自身的努力得到最大的利益，这对于每个竞争者来说都是公平的。此时的市场没有达到完全竞争，涉农政府主管部门为了市场经济的发展而对其进行调控，各个经济主体为了获得更多的利益通常会将租金提高，一旦能够通过其他渠道获得更多的利益，那么对于每个竞争者来说其竞争是不公平的。涉农政府的经管机构所获得额外利益通常是邮寄费、办公用品费等非生产性费用。在此情况下，农村电子政务市场化建设中"寻租"风险极易发生，防范农村电子政务市场化建设中的"寻租"风险研究，以寻租理论为基础。

五、交易成本理论

交易成本理论，是指人们完成一笔交易所付出的货币、时间、精力和体力等各种成本。交易成本泛指所有为促成交易而发生的成本，包括搜寻成本、信息成本、议价成本、决策成本、监督交易成本、违约成本。交易成本理论要求交易双方具有很强的依赖性，一方违约将使另一方产生巨大的交易风险。电子政务服务建设涉及很强的交易风险，这种不确定的风险可以通过外包解决，因为外包可以减少交易费用、节约交易中的监督协调成本，减少机会主义行为而发生的成本，并且提高双方对不确定性环境的应变能力，降低由此带来的交易风险。电子政务服务市场化外包的过程也是交易的过程，电子政务服务进行外包遵循的原则：如果电子政务服务外包的成本高于政府自己建设的成本，则政府选择自建完成；如果外包的成本明显低于自己建设的成本，则外包给服务商是最佳选择。

六、新公共管理理论

新公共管理理论形成于1970~1980年，它是在新自由主义思潮下出现的一个新理论。该理论的研究视角较多，其政策主张具有特殊性，它给公共行政学的发展带来了巨大的影响，它对私人部门和市场投入了一定的关注，这使公共行政具有了更深刻的内涵。

新公共管理理论提倡建立准市场的使用和合同外包以培育竞争，它认为应该在公共服务中添加一些新的内容，包括企业的管理方法、市场竞争、激励手段等，该理论为我国在农村地区建立电子政务提供了科学的指导和帮助。利用外包方式可使电子政务建设实现市场化，比起政府部门，外包企业不仅具有技术优势，还具有人才优势、资金优势，它们的技术创新能力较强，采用外包方式建立电子政务可以减少政府花费的成本，能够改善政府的工作效率及服务水平。按照新公共管理理论，市场能够弥补政府自身存在的缺陷，可让公众获得较多的选择，它能够使政府规模达到科学、合理的要求，可使政府发挥更积极的作用，有利于改善社会福利水平。

在农村电子政务的市场化建设研究中，运用新公共管理理论将政府与市场的职能合理划分，将市场机制与公共机制有效结合，实现政府与企业利益最大化。

第二节 国内外研究现状

农村电子政务市场建设研究在国内外都处于探索中，学术界对这一重大问题的研究大致归纳为以下四个方面。

（一）关于公共事务市场化研究综述

从理论渊源看，20世纪70年代末以来，西方国家的公共服务体系经历了以市场化为核心的治理变革。公共选择理论、寻租理论、新公共管理理论等在公共事务市场化革新领域提供了十分有效的理论支持。

J. M. Buchanan 是美籍一位有名的经济学家，1957 年，J. M. Buchanan 等一同创设了公共选择理论，这一理论旨在把市场机制内的大众行为同政府体制内的政府行为归为一个分析路径，对以往的经济学理论进行修改与调整，将政府机制放入对经济的分析中，认为：我们想要做的事情，就是把 40 年来一直采用的检查市场金融的缺点的方式，全部拿来应用到所有的政府和公众单位中。他从方法论方面进行阐述，指出公众选择本身就是一种政治理念，是把金融学设定与方式大范围地使用到团体或者是非市场的决定探究。他在《公共选择理论》中指出，这一理论只是试图直接提及公众经济普遍概念，也就是使用政治市场化运作理念对产品的生产服务交换的给予补足的原理。以往一般将金融决策看成是其机制内部的变动，将政治决策看成是外在因素并不加以考虑，这一理论旨在把两种行为归为一种独立的形式，这一形式表现出，担负政策结果的一方同时也是选取决定者的一方。

缪勒 1999 年在《公共选择理论》一书中提到，其实公众选择可以直接说是非市场决定的金融学探究，或直接简化说是金融市场中的探究使用在政治科学领域。对探究对象来说，公共选择与政治科学是没有什么两样：政府理念、票选规定、选举活动、党派、官员机制等。但是，其采取的方式却是金融市场中运用的。其对于基础活动的设定条件为：人是自私的个体、是将理性作用发挥到最大的个体，他从这个方面提出，公众选择是非市场决定的经济学探究，是将金融市场中的方法使用在政治科学领域，其探究对象与政治科学没有什么两样。缪勒对公共选择理论的定义常常被西方学者所引用。

萨缪尔森、诺德豪斯（Samuelson，Nordhaus，1948）在其《经济学》一书中从探究公共决策方面对公共选择理论下了定义，认为其应该是一类探究政策制定方法的新型的政治经济学。西方经济学家对公共选择理论的定义不尽相同。尽管角度不同，公共选择学者都提出了该原理的两大特征：一个是采取了个体的方法论，把市场机制中的理性人概念引进政府机制内，提出二者应当有机融合；另一个是把政府体系与市场机制一样，看作是一个互换的过程，只是市场体系中互换的是个体的私有产品，而政府体系互换的是公有产品。

（二）关于以市场化为核心的公共服务研究综述

皮埃尔（Jon Pierre，1994）把市场化总结成三个方面的内容：一是使用市场化准则对公有资本进行整合；二是市场化是新公共治理的构成分子之一，注重对私企的行政经验与原理的引入，认为应把结果看作根本；三是每个人能够自由选取服务提供商。这一理论强调竞争机制的引进，从而使其能够达到最优。

布莱克维尔（1992）认为，新公共管理具有以下几个方面内容：一是宁愿使用劳务外包而不是利用尚未完成的职业外包；二是要具备公众服务的多层次形式，而不是直接把一般税收当成资金帮助不具备公众权益的公众行业基本。他认为，不应该把公众单位看作是公众商品和服务的唯一供应方，对于能够市场化运作的可以利用合约形式交给私企单位、第三方或者是由其内部其他单位进行运作，强调供应形式的多种多样。

盖布勒、奥斯本（1996）两人在其著作《改革政府》中提到了竞争机制，并将其分成三种：第一种是公营企业与私营企业的竞争，也就是让双方都进行公众服务的供应，以此促进二者之间的竞争；第二种是私营组织之间的竞争，也就是在政府的引导与监管下，几个私营组织之间进行竞争，从而完成某些公众服务的供应；第三种是公共组织之间的竞争，也就是在政府引导下，使其展开竞争，提高服务质量。

寻租问题是以市场化为核心的公共服务机制管理改革原理的探究重点。首次对寻租现象进行系统探讨的人是戈登·塔洛克，他认为租金是无法消失的，政府对金融市场的干预与制约必定会使得各式各样的租金出现，只要租金存在，寻租现象就无法被杜绝。这一理论重点阐述了租金的存在和与其对应的寻租现象的表现及后果，大多数文献将政府看成是创租与分租的手段，要降低与杜绝寻租现象出现的最有效方式是进行体制革新，减少设立可能会创租的规则与体系结构。J. M. Buchanan 等学者在 20 世纪 80 年代编选的文集 "Toward a Theory of the Rent-seeking society" 是寻租理论研究的重要参考文献。布坎南认为寻租是指那些本来能够使用在创造价值行为的资本被使用在了只是为了决策分配的竞争当中，它没有配置价值,是一种社会浪费。麦克切斯内(1987)提出"政治创租"和"抽租"的概念:所谓政治创租是指涉农公职人员通过行政干预的手段进行创租,让企业对其"进贡";所谓抽租是指涉农政府以对企业不利甚至有害的经济政策相威胁,迫使企业割舍一部分利益与涉农政府分享。陶振(2009)认为,中国农村社会市场金融进程的加快,政府职责的不断革新,不少以往只能由政府作为供应方的一些农村公众服务开始有了市场化的提供方。李道亮(2011)指出,实行市场体系运作的最大优势在于服务的主要群体在商品生产的时候可以将农村、农民的需要为基本,并以此作为其所提供的服务的内涵与形式,这使得农村生产与金融市场之间的差距不断缩小,从而获得更多的利益。

(三)关于农村电子政务研究综述

这类研究从理论层面综述现状,探讨意义、问题、影响因素、发展路径等。吴敬琏曾经提出一种说法,认为中国的电子政治业务步入了重视电子轻视政治业务、重视建立而轻视配置、重视理论而轻视实践的错误方向,之所以走入误区不仅与我国的行政环境和行政传统有关,更重要的是对电子政务带来的强化公共服务功能缺乏全面认识,面向需求,实现公共管理变革。

黄朝阳(2009)认为,开展农村电子政治业务平台搭建,能够帮助农民及时获取相关的数据,从而对行情进行预测并以此调整生产方案。同时,还能够从本质上补足目前中国在涉农问题上的管理体系的缺陷,使各个涉农单位之间数据共享,一起为农村社会的进步开展服务。

周定才(2010)认为,目前的农村电子政治服务平台在建设上仍具有不少困难,如各个权力机关之间缺乏统一规划、领导班子缺乏具体认识、资源无法得到有效使用。推动农村电子政务,可以带动经济发展,实现管理民主,促使农村文化繁荣。

郑鹏超、常士阁等(2012)认为,在农村电子政务建设中存在的困难有三种解决方式:首先要改变以往的旧理念;其次要加大相关的信息化基本设备搭建力度;最后要扩展投入资金的来源。

潘明(2011)认为,农村电子政治服务平台的搭建是农村实现真正信息化的一大主要工作,在全新的背景下,政府改变了以往对农村的治理模式。开展相关建设是推动政府职责革新、优化执行操作模式的一条行得通的道路。

王宏禹(2010)认为,农村的电子政治服务平台的搭建必须遵循基本设备搭建原则、机制安排原则、稳定发展原则、为公众服务原则、终身学习原则与实践适用原则。

Narasim haiah Gorla(2002)认为,农村的电子政治服务平台能不能顺利开展要处理好三个方面的问题:操作的难易度、资源获取方式、提升全民素养的方法。

Clarke K. C.（2005）认为，农村电子政务的发展更要适应发展需求进行相应的功能完善与市场化拓展。

Venkatamallu Thadaboin（2009）认为，政府在利用电子政务向农村提供的电子公共服务主要包含信息服务、交易服务、投诉途径，市场供求和价格情况方面应更广泛地发挥市场的作用，在市场的作用下了解最新的供求信息和农产品的价格情况，对农民和农业发展具有很高的价值。

（四）关于农村电子政务市场化建设研究综述

寻租概念提出后，国内外学者从不同角度对寻租现象进行了剖析。

公共选择理论代表人物布坎南（1957）指出：寻租行为大部分是伴随政治行为而出现的，制约寻租行为的出现就要对政治行为进行制约。

塔洛克（2000）认为，政治寻租行为充斥于政策体系内部，它是寻租内容与组成影响政府决定的指定租金，在这个过程中产生寻租过程。

斯蒂格勒（2000）认为，政府在行业内部利益全体寻租的最大利益来源，它的利弊同时存在。

道格拉斯（1953）认为，遏制寻租活动的有效办法是法律制度和规范的文化与道德。

钱颖（2005）提出，寻租这一概念的引进，使在中国国内坚守市场改革的经济学者们有了期待的理论。

贺卫（2008）认为，政府创造租金的现象可以分成三种：第一种是政府在无意当中创造的租金；第二种是政府在被动的情况下创造的租金；第三种是政府进行的诸多创造租金的现象。

于健慧（2011）曾经以寻租这一概念为基础，对寻租行为深入研究，并提出寻租现象的出现是因为个体的求私利心理、法规的缺失、机制的漏洞，从而客观上为寻租行为的出现创造了条件，并造成了十分严重的后果。

综上，从国内外理论研究的叙述可以发现，寻租行为浪费总体资源，要减少或杜绝寻租现象的产生，势必成为这一理论的政策发展方向。

第三章 农村电子政务需求与市场化建设动力

保证农村电子政务建设有效推进，农村电子政务建设需要实现市场化运作，在经济市场化程度日益加深的背景下，市场机制在资源配置上的效率已被社会实践证实，农村电子政务建设要有效益，而不能忽视电子政务工程项目的需求和实际运用。

第一节 农村电子政务需求

需求，是社会科学研究的基本概念之一，理解需求，首先要了解需要的概念。心理学认为，"需要"是人的某种欲望希望被满足的状态，比如马斯洛认为人的需要可以划分为生理、安全、社会、尊重、自我实现五个层次。经济学家主张将"需求"与"需要"分开，他们认为，需要是指人不受约束的欲望，而需求则指能够实际得到满足的需要，在货币经济中表现为受到一定可支配收入限制的需要，即有购买力的现实需求或有效需求。

需要的产生取决于两个因素：一是个体感觉到缺乏什么，有不足之感；二是个体期望得到些什么，有求足之感，"需要"就是在这两种状态下所形成的一种心理现象。如果对自身条件和外部环境做了理性分析之后，认为这种"需要"具备实现的可能性，并产生实现目标的动机和行为，这时需要就转化为了需求。而公众需求则是对公众普遍性心理特征的反映。个体在社会生活中不可避免地要与政府打交道，同时会对政府所提供的服务有所期望。在某些情况下，政府的传统公共服务方式无法满足公众的需求时，对电子化公共服务的需要就产生了。如果特定的公众群体具备接受政府电子化公共服务所必备的信息化设备、信息化设备操作技能等条件，这种需要就可以转换为需求。因此，政府电子化公共服务的公众需求是随着社会发展的，传统方式很难达到公众的要求或者可以达到成本却非常高的情况下，公众希望政府可以通过电子化的方式满足其要求的一种心理状态。

需求的产生有两个必备条件：主观上，消费者需要某种产品或服务；客观上，消费者有条件或能力购买或享受该产品或服务，在上述两种条件下所产生的需求被称为"自然需求"。"自然需求"具有模糊性，一般情况下消费者很难清晰、完整地描述自身的需求结构，更多的是通过描述现有或计划供给的某种产品或服务与自身需求的一致性程度来间接表达需求。比如，在电视机发明以前，消费者几乎不可能明确地表示自己需要一台电视机，而是通过对收音机不能传播图像的不满来表达自己的需求。马克思说，"要给需求和供给这两个概念下一般的定义，真正的困难在于，它们好像只是同义异语"①。从消费者对供给的产品或服务的态度中所表达的需求称为"供给性需求"，供给性需求是通过间接方式得到的需求信息。

市场经济中，消费者首先要有消费，这种消费被称为"需求"，在政治市场中表现为对公共事务的消费需求。本书涉及电子政务建设者（政府、农村基层自治组织）、设计开发方、应用方（涉农公众）在相互回应的需求流程，包含农村区域经济社会、业务范围、系统功能等需求领域。农村电子政务面向服务对象提供电子化公共服务，需求是公共服务的主要依据，也是建设总体架构设计的核心参考。

农村电子政务公众需求是公众对政府提供的电子化公共项目的实际需要，需求的产生受社会信息化设备普及率、公众知识技能水平和经济能力等因素的限制，同时与政府电子化公共服务供给的现状紧密相关。农村建设电子政务时必须重视当地群众的实际需求，深入地分析和探讨，将市场经济优胜劣汰的特点引入农村电子政务的创办中，对解决其创办中存在的难题有所帮助，提高政府的服务效率和信息服务能力，为农村电子政务市场化的建设方向提供指导。

一、需求主体的界定

面向需求的农村电子政务建设，将公众的需求作为出发点，必须对电子政务的需求者进行分析与界定。主要包括三类需求主体。

（1）涉农个人。涉农个人指农民工、农村居民、涉农政府人员和科研人员，不同类别的涉农个人因所处的环境不同、知识背景的不同，对农村电子政务建设的需求也不同，他们对电子政务的需求较旺盛，可利用政务信息开展各类实践

---

① 《资本论》第三卷第十章，第194页。

工作。

（2）涉农政府和事业单位。政府指各省、各县以及各乡村的政府单位，涉农事业单位的信息部门通常以农业管理机构的信息中心为主，主要包括农业管理部门、农垦厅局、农业厅局、农业部的信息中心以及农业研究机构的信息部门。例如，各地方的信息研究所、农科院图书馆、情报资料室以及各地农业高校的图书馆。这些机构在对信息进行整理和归纳后，将一些有效信息提供给使用者。

（3）涉农企业。涉农企业是开展农产品的销售、加工、生产等工作以及开展生产资料销售、加工、研发等工作的企业，主要包括农机厂、农产品加工厂以及饲料厂等经济实体。这些企业通过对农产品的技术支持已经对相关产品进行推广、辅导，向需求主体提供农产品以及信息服务。信息化涉农企业指开发和提供信息技术的企业，这类企业在开发信息技术时拥有专业的人才保障，这些人员了解农业技术知识，因此他们的信息技术可满足农民的信息需求。移动公司负责落实村村通电话工程，在农村地区建设信号塔，铺设电缆，使农村地区拥有网络信号，方便农民上网的同时，通过短信、电话、信息平台的建设为农民提供所需。

二、农村电子政务需求的影响因素

需求主体的基本需求决定着电子政务的实际需求，由于农村地区的特殊性，农村电子政务需求的认识与表达更直接的影响来自需求主体本身的认识以及政府政策的制定与执行。概括讲，主要包括以下四个层面，即观念、意识层面，政策、制度层面，业务、技术层面，基础设施层面，如表3-1所示。

表3-1 农村电子政务主体需求与电子政务的实际需求关系

	观念、意识层面	政策、制度层面	业务、技术层面	基础设施层面
需求类型	认同需求	政策需求	业务、技术需求	资金需求
原因	政府缺乏对农村电子政务关注，农村低文化程度，缺乏信息需求意识	有关农村电子政务立法相对滞后、法律法规不健全	经济欠发达、难以吸收到能掌握先进技术的相关人员	基础设施不健全，仅靠政府单方面投资压力较大
结果	对新事物接受周期较长	电子政务建设缓慢	信息更新缓慢，共享性差	农村建设落后，城乡差距大

从政府层面和农户个人层面讲，包括以下几个方面：

第一，政府没有对农村电子政务投入足够的关注，农村缺少基础设施。据2015年中国统计年鉴统计，我国目前上网人数为6.48亿，移动互联网宽带用户为8.75亿,互联网宽带接入用户为2亿,其中城市宽带接入用户为1.52亿,农村宽带接入用户为0.48亿,城乡之间差距显著。截至2014年12月,中国农村网民规模达1.78亿,年增长率为1%。网民中,农村网民占比为27.5%,较2013年下降了1.1%。现状分析,当前我国城市和乡村的数字鸿沟问题非常严重,农村缺少完善的信息设施,基层政府无法利用电子政务为公众提供便捷的信息服务,农民上网场所和城市居民的上网场所有明显的差异。比起在家上网的城市居民,在家上网的农村居民数量较多,但在其他场所上网的农民数量远远少于城市居民,在公共场所和单位上网的农民数量最少。宽带网络的建设在农村的范围仅仅局限于家庭,普及率低,农民上网情况受到制约。农民急需的一些信息不能及时到达农民手中,难以发挥其应有效益,制约农村电子政务应用。

第二,农村电子政务市场建设不完善。为提高电子政务的建设效率,需要改善农村地区的市场服务水平。利用外包的方式加快电子政务的建设步伐,使电子政务的建设实现市场化。然而,目前我国农村电子政务的市场化发展还有待进一步发展与完善。信息服务主要集中在城市,农村地区缺乏信息交流的场所与平台,针对农民信息服务形式比较缺乏,信息传递缺乏正规的渠道。涉农企业、涉农非营利组织等供给主体并没有发挥有效作用,是农村电子政务进一步发展的阻碍。

第三,农村地区在建设电子政务时未制定科学的规划,法制建设相对薄弱。我国农村电子政务体系并不成熟,还处在初级发展阶段,管理水平偏低,虽然政府应用信息的程度不断加深,但由于缺乏统一规划,难以实现资源共享,信息重复建设严重。此外,目前我国有关农村电子政务的立法相对滞后,法律法规的设置并不健全,并且缺乏相应的权威部门对农村电子政务的市场化建设进行监管,以至于市场出现许多问题,影响了电子政务发挥信息供给作用。

从需求主体个人层面分析,包括以下几个方面:

第一,文化水平的约束制约农民对电子政务的需求。根据2014年中国互联网农村状况研究报告显示,从学历结构看,农村网民学历水平较低,农村网民大都是中小学学历,比起城镇的小学学历网民,农村小学学历的网民占比高出7.9个百分点,比起城镇的初中学历网民,农村初中学历的网民占比高出16.5%。比起城镇高中学历及大学学历的网民,农村高学历的网民占比偏低。可见,因为农村经济水平相对落后,使得农民受教育程度偏低,极少数农民获得过高中以上的教育经历,而影响了农民对电子政务的利用程度。一方面,限制了农民对政务平台以及网络知识的学习能力,这是农村电子政务市场化建设得以普及的前提;另一方面,农民文化水平与对信息的需求程度是成正比的,文化水平越高,其对信息的需求程度越高。因此,较低的文化素质会给农村居民的信息需求带来影响。

第二,受到二元制度的限制,许多农民对政府信息的需求过少。我国一直实施城乡二元制度,在这种制度的影响下,城市和农村的经济也呈现出二元体制特点,城市的经济较发达,农村经济水平偏低,导致农民成为弱势主体。尽管我国发展历史较长,但农民的社会地位并未得到改善,农民长期居住在偏僻、落后的地区,他们形成了浓厚的小农思想。在这种思想的影响下,农民只重视个人利益,缺少社会意识,他们对政府信息的需求较少,这给电子政务的建设带来了诸多阻碍。农民长期受到自给自足观念的影响,他们不重视商业和工业,对外部的信息漠不关心,有些农民不愿接受新生事物,他们的信息需求较少。一些农民在获得信息后无法有效利用信息提高生产效益,导致信息失去了指导作用。

第三,农民收入偏低。近年来,农村经济有了明显的改善,市场经济正在逐渐取代计划经济,过去村集体对政府信息有旺盛的需求,如今单一农民对信息的需求不断增多。根据农村互联网发展状况研究报告统计,截至2015年底,农村网民整体收入水平得到了明显提升,500元以下低收入者和无收入者占比较2013年下降了3.7个百分点;3000元以上收入者占比上升了4.4个百分点。但是,农村网民收入水平仍然远远落后于城镇,2000元以下收入者占比均高于城镇,而收入在2000元以上农村网民比例则均低于城镇网民。现实情况可知,比起城市的信息服务成本,农村信息服务成本较高,农民收入较低,对一些相对而言高成本的上网设施缺乏购买能力。此外,由于政府对农村网络基础设施的低投入,使得农民上网费用偏高。由于农民难以承担高昂的信息使用费和信息设施投资费,对网络信息的需求较少。

三、农村电子政务需求内容

在对需求主体进行界定分析的基础上,进一步分析需求内容,对公众需求内容的把握极其重要,可在平台上获取政府提供的各项服务。农村电子政务需求内容的涉及主要包括:

第一,农村居民自身的意识。应引导农民转变观念,增强他们的主体意识,农民不能只是一味接收信息,还应该主动创造需求。进一步增强政策观念,转变供给方式,克服农村电子政务建设的形式主义。农民转变意识后能够积极参与政务平台的建设工作,能为政务平台提供需求保障,确保电子政务实现快速发展。

第二,农业网站以及政务平台建设。通过了解农村农业实际,在满足公众服务需求的基础上建立贴近实际、服务当地的农业信息网站;政务平台建设与农业信息网站双管齐下,提高公众政治参与能力,同时改进农业生产效率,使农业实现现代化发展。

第三,政府职能发挥。构建以"公众需求"为核心的服务型政府,完善农村基础设施、提高信息资源利用率。政府部门通过建立政务平台，实现电子政务的服务功能，更好地推进农村电子政务的公共服务，从而可以转变政府职能，构建服务型政府，实现对需求主体"365天天天工作、24小时时时服务"，丰富服务项目，有利于带动乡镇计算机及网络技术的普及、有利于公众参与政府管理、有利于改善公共文化服务状况，促进农村信息化建设长效发展。然而，在农村电子政务实际建设过程中，却暴露出一系列缺陷，主要表现为：一些政府建立的网站缺少服务功能，许多政府只是在网站上更新各类新闻和信息，它们只重视政策和制度的宣传，没有重视服务职能的履行；政府网站设置的板块不合理，缺少监督和互动板块，很少有农民访问政府网站，导致政府网站失去了建设的意义。

第四，对市场要素的需求。目前，我国的乡村干部普遍缺乏电子政务的有关知识。调查了解，许多乡村电子政务建设最大障碍不是缺乏启动资金，而是缺乏电子政务的网络技术人才。电子政务信息人才是建设电子政务的最前沿力量，而目前农村出现高层次人才难招现象。一个重要原因就是政府部门的工资相对企业来说太低，政府部门按照行政级别确定的工资又很难变动，政府信息人才纷纷外流，造成既有丰富政务管理经验，又具备相应网络专业知识的复合型人才极端缺乏。自1993年电子政务萌芽，20多年来，一些基层政府部门还在聘请专业网络公司进行电子政务日常维护，说明推进电子政务过程中，如何留住信息人才，提高公务员的整体素质，特别是计算机应用方面的能力，是一项艰巨的任务。农村政府应十分重视电子政务发展，电子政务对于农村基层的稳定和农业现代化的发展是紧密分不开的。政府基于资金、能力无法完成的项目建设，可以让市场的专业化企业承担，让市场发挥资源配置的主体作用。市场中专业化的企业在做电子政务系统的开发方面积累的经验，能快速解决农村电子政务存在的技术缺乏，体验不好等问题。

第二节 农村电子政务市场化建设动力分析

农村电子政务与传统政务建立在不同物质基础之上，会引起社会价值理念的重构，形成全新文化理念，包括服务理念、责任理念、参与理念、人本主义理念等。同时，农村电子政务市场化建设将引发社会行为方式在一定程度上的变化，激发社会制度的创新，包括信息制度创新、参与制度创新、组织制度创新等，有利于推动社会价值和社会制度创新。

市场经济是人类迄今为止所发现的较为有效的配置资源形式，激烈的市场竞争给企业和技术带来强烈的刺激，促进企业的变革与创新。市场在资源配置中的基础性作用是通过市场机制实现的，关于市场机制及其作用，亚当·斯密的《国富论》提到：每一个人在决定自己行动的时候，所考虑的并不是社会的利益，而是它自身的利益，但是，人们在追求自身利益的时候，会在一只"看不见的手"的指引下，实现增进社会福利的目的，这只看不见的手就是市场机制。

农村电子政务的发展取决于信息技术的发展水平，社会经济发展阶段，以及农村电子政务自身的矛盾运动。同时，必须看到的是农村电子政务的建设运行机制，即农村电子政务推进过程中政府、企业、个人等主体的内在行为机制、地位作用及相互间的博弈，资金筹集和运用，项目规划与管理等也将对电子政务的发展产生决定性的影响。由于市场化机制在资源配置、效率实现上的优势，农村电子政务建设过程中引入市场机制，实现农村电子政务工程的市场化运作成为一种客观要求。通过市场机制和竞争机制的引入，强化约束，增加农村电子政务运行的透明度，提高效益，促进我国农村电子政务工程市场化建设的发展，加速政府信息化进程。但是，由于我国农村电子政务建设起步时间不长，农村电子政务市场化建设尚处在孕育阶段，市场化确立和完善是一个渐进过程，在不同阶段应各有侧重。

一、政府决策农村电子政务市场化建设的先导动力

涉农政府主管部门有义务采取行动消除市场的盲目性，保障信息基础设施建设及电子化公共服务的有效性，对于建设中因外部性、公共物品、垄断等而产生的市场失灵，政府更有责任修正，政府决策是推进农村电子政务建设的先导动力源，涵盖政策软环境、决策支持体系、政府改革关联。科学决策引导市场资源为电子政务建设补充力度。

（一）政策软环境

政府信息化首先是从加强行业监管、提高重要的经济职能部门监管效率触发的，以各级地方政府为主体的信息化建设工程获得迅猛的发展，电子政务及其门户网站成为各级地方政务建设现代服务型政府的平台，涌现很多富有特色的电子政务网站。其中，地方政府门户网站建设早在"十五"期间就已基本完成，是我国政府信息化建设所取得的最为重大的成就，也是我国电子政务纵深发展的集中体现。

我国由此形成"条、块"分别发展的政府信息化思路，这与目前行政管理结构一致。而且，从"关于修改《中华人民共和国地方各级人民代表大会及地方各级人民政府组织法》的决定"看，这种管理体制结构在一段时期不会有很大的变化，对我国农村电子政务的市场化建设情况产生的影响是：一方面有利于继续促进经济职能部门行政管理效率的改善和提高；另一方面会对政府门户网站建设的完善带来影响，各级地方政府必须花费大力气来与统计"条"的部门打交道才能实现业务流程一体化。

中央政府的17号文件直接促进农村电子政务市场化的快速发展：①重点业务工程继续获得快速发展，功能不断完善，为加强行业监管提供技术保障；②中央政府门户网站的开通，各级地方政府门户网站功能的不断完善，涌现很多有特色的电子政务发展模式；③软环境建设取得根本性进展，电子政务市场化建设获得法律地位，《行政许可法》等先后出台，颁布《2006~2020年国家信息化发展战略》。

（二）政府改革关联

古有"欲穷千里目，更上一层楼"，今有"若想全球化，首先信息化"，政府作为国家运行体制的核心、社会发展的领路人，必然是第一个受到信息化冲击并且是受影响最大的对象。政府在被动的环境中主动寻求进展，拟订并实施行政管理体制改革等一系列重大改革，改革的策略和举措多种多样，其中最引人注目的是电子政务的运用——新时代信息技术与传统办公方式的结合。主要目的是将市场化、信息化引入政府管理机制，借此重组优化政治体制，使传统的结构逐步转变为扁平化的准新自由主义政府管理体制。电子政务的引入、行政体制再造，不但推进市场经济体制改革，还在全球化呼声中赢得更多肯定。

自改革开放以来，政府一直致力于经济体制改革——从计划经济体制向市场经济体制转变，这是一个从高度集权到权力下放的漫长转变，市场的本质是自由发展、优胜劣汰的自我调节的平衡机制。农村电子政务区别于传统政府管理方式的根本原因之一，是引入市场平衡机制，该平衡机制的引入既符合现阶段市场的历史发展需要，又让农村公共管理系统具备了市场的某些特征，成为特殊形式的市场，即"政务市场"：以民情和国情为借鉴主营政务，同时也为巩固政权统治而更多地赋予公民民权。

农村政务市场源于特殊时代背景下的经济体制改革，它是整个全球政治体系尤其是政治观念大融合的需要，也是其他国家或地区政治观念整合对政府管理方式产生影响的阶段性产物。市场的存在和发展间接催生国家这一产物。换言之，既然市场是国家之母，那么二者必然存在某些隐性的共同性和共通性。亚当·斯密在《国富论》一书中阐释，市场是一只看不见的手，更确切的解释应该是市场被一只看不见的手所操纵和管理。市场的表现形式是金融和经济，二者始终引领着历史的前进与发展，只要有悖于或不利于其发展的事物或统治终将走向灭亡。一个国家或政府要想更好地走下去，那么必须尝试引入市场的先进之处以弥补自身不足，政府和市场并非孤立，二者共存于一个无形的系统当中。

（三）决策支持体系

农村电子政务市场化建设可以提高政府部门的办事效率和透明度，可以利用农村电子政务系统所收集的大量数据，通过建立正确的决策体系和决策支持模型，为各级政府的决策提供科学的依据。农村电子政务系统决策体系的运行如图3－1所示。决策系统运行的具体步骤是：

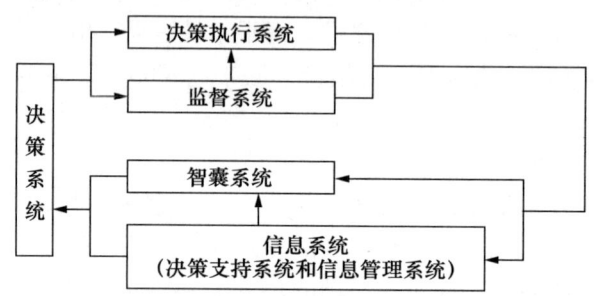

图3－1 农村电子政务决策体系

（1）智囊系统利用信息系统制订各种可行的决策方案。

（2）智囊系统通过电子政务系统提供的平台将决策方案上报给决策系统（一般由负有决策责任的领导担任）。

（3）决策系统将根据信息系统生成的决策信息来确定最优的决策方案，并生成必要的决策指令。

（4）决策系统通过电子政务平台把决策指令下发给决策执行系统和监督系统。

（5）在监督系统的监督下，由决策执行系统负责贯彻执行决策指令。

（6）决策指令的执行情况和结果将通过信息系统反馈给智囊系统。

（7）智囊系统将根据具体情况向决策系统提供反馈信息或者决策修正方案。

（8）决策系统针对反馈信息或者修正方案确定新的方案，并下发执行。

由此可以看出，通过把农村电子政务平台和决策支持系统有机地结合起来，可以大大提高决策的科学性、时效性和适应性。

二、竞争是农村电子政务市场化建设的主要动力

站在外部角度，电子政务之所以能够实现快速发展，是因为有多个外部竞争共同推动着它的发展步伐。从市场环境以及经济环境看，随着市场经济的不断发展，人们不断追求自身组织和个人的经济最大化，政府组织和官员亦是如此，它们重视自身利益，对公众利益投入的关注较少。一些人员和组织为维护自身的利

益而侵害公众利益,政府的财政是每一个纳税人缴纳的税款,因此政府必须维护公众利益。为解决该类问题,政府可采用市场化方式,即利用外包方式将项目委托给承包商。从公众对电子政务市场化的态度看,我国经济发展速度不断加快,公众的思想意识也随之改变,公众对政府信息投入了较多的关注,他们的公共服务需求也逐渐增多,但政府并没有积极转变服务理念,它们只重视权力的行使,忽视服务职责的履行工作,政府服务水平偏低,工作效率较差,导致公众的需求无法得到满足,这给服务型政府的建设带来了巨大的阻碍。从信息产业的发展状况看,信息技术的快速发展为电子政务的建设提供了良好的条件。电子政务的建设离不开软件和硬件的支持,信息技术的迅猛发展,加快了信息设备更新换代的速度,为提高电子政务的专业化水平,政府必须有较强的技术实力,但政府缺少专业的人才,这影响了电子政务的发展工作。为了解决该问题,政府可将市场机制引入平台的建设中,与承包商实现优势互补,利用承包商的专业技能和人才建设电子政务,提高平台的专业化水平,满足各类公众的需求,不断提高自身的服务水平,改善政府工作效率。

(一)市场竞争因素

农村电子政务市场化建设的核心理念是对市场价值的肯定,竞争是农村电子政务市场化建设的重要动力因素。即以市场竞争机制,渗透农村电子政务基础设施建设、涉农信息链、建设融资、公共服务体系建设等过程,给市场主体更多参与选择的机会。

反之,如图3-2所示,若缺乏市场中竞争导致组织松散,亦即出现X—无效率。图3-2采用静态的局部均衡模型,对此做出解释,确定非市场化的政府行为会造成资源配置的低效率,由于涉农公共部门对公共设施建设的垄断供给所造成的潜在损失,忽略次优化问题。假定不变成本在产出的相应范围内,边际成本等于平均成本,曲线 $AC_1 = MC_1$,$AC_2 = MC_2$ 表示可供选择的供给组合。暂时不考虑后一种情况,追求利润最大化的涉农公共部门使边际成本与边际收益在B点相等,因此售价在Pm时生产Qm。假定同样的成本条件下,完全竞争条件下的均衡点将会在C点,此处 $P = MR = MC$,即为PcQc均衡处。

因此,垄断条件下,涉农政府的低产出会造成社会损失,亦即造成涉农组织或农民剩余的损失,用△ABC表示,称为"马歇尔三角"。这种分配无效率的程度依赖于公共设施的需求价格弹性和超出边际成本的加成价格,如果需求曲线越陡,则△ABC的面积越大。

(二)市场竞争的推动作用

引入竞争机制,有助于增强行政人员的市场意识。官僚本身对技术具有选择性,这是由于政府部门自身机制僵化,以及部门利益最大化倾向,对信息技术的变化不敏感。相反，信息技术的应用可能造成机构的重组以及人员的削减，导致其消极对待乃至抵制。因此，鼓励各级地方政府实行农村电子政务市场化，增强行政人员的市场意识，须采用市场运行机制，将电子政务建设和使用效益的好坏纳入政府部门、项目人员的政绩考核与预算拨款范畴之中，逐步建立起一套电子政府效益考核指标。

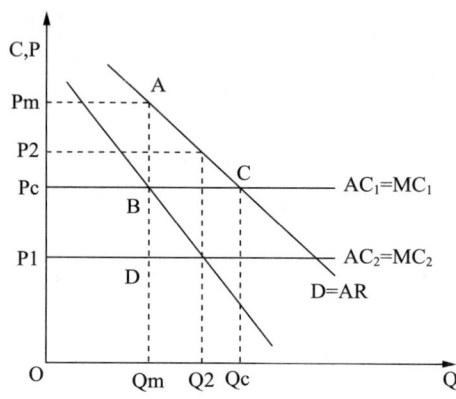

图 3-2　公共事务的垄断经营与 X—无效率

农村电子政务发展趋势的一个重要方面是企业和民间投资日益成为农村电子政务资金来源的重要渠道。对于农村电子政务而言，要实行资金来源的多元化、可选范围的扩大化，通过供给双方的谈判、妥协等的良性互动，实现资源的优化配置，只有将竞争机制引入到政府中，才能打破政府垄断、提高工作效率和责任心。在信息技术发达和教育水平不断提高的今天，脑力劳动成为经济发展的主要因素，要使普通老百姓也能获取知识和信息，要求政府体制必须是灵活的、适应性强的，也要求政府所提供的公共服务和公共产品必须是高质量的、多样化的。可见为适应市场经济和社会发展的需要、为提高政府工作效率，适当引入市场竞争机制势在必行。从经济学角度看，政府部门作为资源的主要控制者，掌握着大量机会成本很高的稀缺资源。大部分政府缺乏经营意识，使得许多政府资源闲置或浪费，而市场竞争机制作为经济运行调控机制，具有调节社会生产（资源配置）、刺激创新、优胜劣汰和成果分配的功能。竞争是农村电子政务市场化建设的重要动力因素。政府要广开资金渠道、吸引社会资金参与，大力促进农村电子政务的发展。

加强市场运行机制，使农村电子政务具有公益性。社会公益突出的特点，是一项长期的任务，必须把政府的推动、引导和市场机制有机结合起来。除政府部门外，各种社会或商业组织都可以成为直接的信息服务主体，政府从中扮演组织推动和监督管理者的角色；坚持政府主导，重视市场的基础性作用，加快培育信息化市场主体，发挥各方面的积极性；政府的作用要逐步转到积极创造良好的政策环境上，要鼓励和支持各类有条件的社会力量开展直接面向广大农民的信息服务，推动农村电子政务的市场化和社会化。

三、农村电子政务市场化建设的反向动力（现实制约）

从政府自身角度出发，电子政务市场化会为其带来效益以及降低风险，实现政府利益最大化，也为民众提供更好更高效的服务，实现服务型政府的转变。

降低成本，减少财政支出。市场经济体制下，经济效益是衡量一项工作的重要指标，而实施服务外包是降低财政支出的最有效手段。在建设电子政务时，需要投入多项费用，包括维护系统、系统运行、硬件配备等各方面的费用，即使政府采用外包的方式将项目交给承包商，也要考虑投入和产出问题，不能只重视电子政务的建设，忽视成本控制的重要性，否则投入的资金过多，获得的收益过少，就会影响电子政务系统的后期运行，也会给政府带来财政压力，承包商在建立电子政务时可发挥自身的资源优势和人才优势，扩大自身规模，降低自身成本。因此，电子政务外包化能够使各类资源得到有效利用，可加强企业与企业之间的联系与交往，使双方实现共赢，为电子政务的良性发展提供保障。

人才和技术是电子政务建设不可或缺的重要因素，缺少这些因素，电子政务的专业水平就无法得到提升。我国建立电子政务的步伐较慢，这是因为我国存在人才匮乏问题。由于政府部门的稳定性较强，人员流动性较差，受机构和机制的限制，难以引进高层次的专业技术人员。而承包商在技术方面却比较先进，并且由于企业的流动性较大、工资高，比较能够吸引高水平的IT人员。因此，将电子政务中的信息技术外包给专业的承包商，可以避免因为政府缺少技术实力影响到电子政务的建设工作，可以使政务系统具有较高的专业化水平。

可以减少政府在建设电子政务时遇到的风险。近年来，电子政务发展速度较快，政府在建设该类系统时遇到的问题不断增多。由于信息技术发展迅猛，每年都在更新换代，政府的精力和技术水平有限，无法及时更新电子政务系统，政府缺少专业能力，无法对外包商做出准确的评价，一些招标项目因此失败。许多外包商获得了国际质量认证，这些企业有实力建设电子政务，它们能够充分发挥自身的技术优势和资源优势，政府可以和这类企业建立合作关系，这能提高电子政务的专业水平。

使公众需求得到有效满足。政府采用外包方式将项目转移给承包商，能够集中精力为公众提供服务，可以提高政府信息的使用效率，改善政府的服务水平，确保公众对信息的需求得到满足。比起政府，外包商无论是在技术上，还是在人才上，都具有显著的优势，政府将项目外包后，可以按照公众的需求收集和整理相关信息，及时将公众的需求反馈给外包商，外包商将需求作为导向建立专业的电子政务，可满足公众多元化的信息需求。在建设电子政务时，不能只依赖于政府，因为政府的精力有限，无法在短时间内完成电子政务的建设工作，它们可能需要花费较长的时间才能建设好该平台，当政府将项目交给承包商后，承包商能够在规定的时间内完成项目的开发工作。

(一) 现实制约因素

如表3-2所示，主要是观念、资金、技术、业务等的制约，导致农村电子政务建设相互缺乏协调、彼此孤立，建成的电子政务系统实际闲置。本书在深层次分析农村电子政务建设和应用程度不高的原因，反向推导在资金、技术投入有限、观念有待开发的农村，更加需要重视市场化建设力量。

表3-2 农村电子政务制约现象

现实描述	认同（观念陈旧）	资金（建设资金不足）	技术（基础设施薄弱）	业务（业务不到位）
影响状况	保守传统，整体文化水平偏低，信息化意识薄弱	农村电子政务建设资金压力大	系统基础设施落后、维护成本高，重复建设等	单纯政府力量，业务系统建设质量和效率难保证
产生后果	缺乏接受新事物的热情	物质层面制约着信息化	农业信息资源共享性差	政务系统应用程度较低

目前，我国农村电子政务设备大多较完善，但软件和服务的投入相对较少，部分行政人员并不情愿接受新的行政方式，只是为了应付检查，购置部分硬件，或者就是简单地购置一两套信息化软件。由此目前我国农村电子政务现状是"电子"大于"政务"。存在问题是部分行政人员对电子政务办公一知半解，农民们对电子政务了解也不够。

电子政务在我国已经开展了20多年，但时至今日，一些地方政府部门还在聘请专业的网络公司进行电子政务日常维护。网络公司人员长期驻守，一旦脱离网络公司人员，日常电子政务系统运转就受到影响，这说明在推进电子政务的过程中，如何留住信息人才，提高公务员的整体素质，特别是计算机应用方面的能力，将是一项艰巨的任务。

尽管大部分农村财政相对宽松，但许多农村领导由于不重视电子政务建设，只从农村财政划拨少量的电子政务建设专项经费，甚至有些乡镇划拨的电子政务建设专项经费只有几万元，这对于建立完善的电子政务系统实在是杯水车薪。地方政府财政紧张,很少有哪个县的财政可自保,大部分属国家财政转移支付的贫困县,其财政基本上是保工资、保运转的"吃饭财政",而电子政务建设需要投入大量资金,这对于欠发达和贫困地区而言,是一个很大的挑战。电子政务建设不只是增加两台电脑,增加两个人手就能解决问题的,需要巨大的资金支持,从基础设施、硬件配置、配套软件到网络运转和后期的维护都需要大量的资金。

(二) 市场化建设力量

发展农村电子政务市场化是一项系统惠农工程,主要表现在以下几个方面:①从信息共享方面看,要缩小和消除城乡"数字鸿沟",实现城乡均衡发展和跨越式发展,必须加快农业信息化建设,以发展农村电子政务市场化建设为契机来逐渐缩小城乡不断扩大的"数字鸿沟"可谓势在必行。②在广大的农村地区,农民的文化生活还相当匮乏,网络知识的传播具有超越时空限制等特点。当农民切身体会到网络带来的好处时,辅之政府部门的引导,势必会催生农民学习科学文化知识的欲望,这对开阔农民的视野、在农村形成良好的尚学之风大有裨益,从而有利于"新农民"的培育。但在现实的制约下,唯有进行农村电子政务市场化建设才能解决这些问题,促进农民的发展。③信息的极度缺失是目前农村特别是西部农村的普遍现象。通过发展农村电子政务市场化建设,为农产品打开市场销路,从而促进农民增收。同时,农民也将以市场为导向,自觉调整种植结构。以市场需求为基础调整的农业产业结构,将大大提高我国农产品在国际上的地位和竞争力。利用信息技术帮助农民促进增收,又会促进城乡的协调发展,使得信息化不仅能够带动工业化,而且能够带动农业的现代化和农民的富裕。

根据信息经济学理论,农村电子政务基础设施是一种外溢性较强的准公共品,需要政府主导进行建设,但政府主导不等于完全由政府提供。农村信息基础设施具有公益性,存在巨大的沉淀成本,产出难以预测,缺乏激励机制,政府垄断导致公共服务效率低和质量差。因此,将市场化和私人部门的激励手段引入农村信息基础设施领域成为提高信息服务效率和质量的必然选择。同时,如果正确处理好政府主导与市场机制的关系,把政府的推动、引导和市场机制有机结合起来,发展农村电子政务势必能达到事半功倍的效果。

第三节 市场化建设是农村电子政务发展的必然要求

20 世纪 70 年代以来,在经济全球化、政治民主化和社会信息化浪潮的冲击下,政府行政改革已成为一股不可阻挡的世界性潮流。而电子政务的市场化建设已经成为世界各国政府改革的一个重要趋势。我国电子政务市场化建设在城市建设相对完善，在农村的建设相对薄弱。

建设新农村，信息化是突破口，电子政务要先行。只有加快电子政务的建设才能推进信息化的实施步伐，政府利用电子政务能够为农村居民提供更多的服务信息，农民可从电子政务平台中获取有关农业生产、农业技术、农业政策等各种信息，他们将这些信息为依据开展实践活动，可以获得更多的生产效益，有利于实现农业现代化。但观察现状可知，农村建设电子政务时仍存在一些问题，这些工作实施步伐较慢，之所以出现这些问题，是因为：第一，农村地区的教育水平偏低，各类人员没有对电子政务的建设工作投入足够的关注，农民不了解网络和信息技术，他们缺少基本技能是当前制约农村电子政务发展的关键因素。另外，执行部门的人员和领导把推动电子政务的过程当作过场，即使有相关的软件，也不会积极使用。第二，农村地区没有配置完善的信息化设备，当地缺少广电网络、电信网络等设施，互联网普及率较低，部分处于中西部的偏远地区，互联网概念薄弱，农村电子政务建设"最后一公里"长期存在，"村村通"工程还有待进一步推动加强。第三，农村的信息资源较少，在当前建设完成的网站中，有关农村和农业的网站数量较少，农业数据库缺少集中性，大部分数据库的规模较小，无法为农民提供全面、优质的信息服务，信息数据没有得到有效利用。仅仅靠政府单方面努力难以解决问题。因此在农村地区建立电子政务时可将市场机制引入其中，利用市场化模式解决电子政务建设中遇到的问题，使社会资源得到高效利用，改善政府的服务水平。

在建设电子政务时，必须了解农村的现实情况，按照信息化建设的要求制定科学的规划，采用有效的方式循序渐进地推进此项工作，促使社会组织和私人企业发挥自身的优势，提高政府信息的使用效率。近年来，信息技术的发展速度不断加快，大数据、云服务已经成为信息技术发展的一个必然趋势。将市场模式纳入电子政务中，挑选优秀的企业负责在农村建立电子政务，不仅可以增加项目投资，还能促使企业发挥自己的专业优势和人才优势，提升电子政务的专业化水平，有利于满足当地用户的使用需求。

政府在农村建立电子政务时选择外包方式能够促使各类主体参与此项建设工作，可以调动他们的积极性，有利于获得最大化的经济效益和社会效益。政府与企业建立合作关系，企业制定专业的方案，负责建设电子政务，政府对企业的工作进行监督和管理，确保电子政务达到预期要求，这不仅可以使企业的各项资源得到有效利用，还能使政府履行好自身的职责。政府利用电子政务可将更全面、更优质的信息提供给农村居民，满足他们的农业生产需求，帮助他们获得更多的收益，为新农村的建设和发展创造良好的条件。

政府在利用外包方式挑选优秀外包商时会开展招标工作，负责建立电子政务的管理部门可以按照实际情况挑选外包商，在将部分项目或全部项目交给外包商后，政府管理部门要与外包商进行交流与沟通，并与它们建立委托合作关系，外包商按照合同的规定开展相关工作。

随着市场经济的发展以及为了满足公众对信息多样化的需求，逐渐出现电子政务市场化。所谓电子政务市场化，是指政府在政务信息化推进过程中，政府利用政治手段制定决策，出台相关标准，按照项目需求，以市场为导向，加快电子政务的建设步伐，积极开展系统的维护工作，并为公众提供优质、全面的政务信息，向一些外包商转移部分或所有业务，采用竞争的方式挑选优质企业，利用市场化方式完成电子政务的建设工作，其目的是在政府仍是主导部门的前提下，利用市场模式，促使企业或社会组织发挥自身的优势，使各项资源得到最大化的利用，改善政府的服务水平和工作效率。

农村电子政务建设市场化的另一个重要趋势是企业和民间的投资日益成为电子政务资金来源的重要渠道。政府作为电子政务工程项目投资的唯一主体的局面正在逐渐改变。事实上，企业既具有投资的能力，又具体创新的活力。企业的加入，将使农村电子政务的发展更具创造力和活力。这方面，国际上有一些先进经验可以借鉴：新西兰政府强调与私营企业的紧密伙伴关系是电子政务建设成功的基本要素。墨西哥政府强调电子政务建设中政府的联网问题通过建立与私营电信企业的战略伙伴关系来进行。南非的电子税务系统则由南非政府的税务总局与私营企业合资建设。企业对电子政务建设的这种参与方式，推动电子政务建设在许多国家和地区的发展。显然，企业的这种伙伴关系式的参与，其意义远远超过了将电子政务的工程项目外包给企业；它不仅降低政府投入，使政府能做想做而做不到的事情，而且，通过调用社会资源，加快农村电子政务发展的步伐，增加电子政务项目成功的可能性。还有值得注意的一点是，电子政务建设中，企业的加入，使农村电子政务建设的目的与其本身的良性发展更易于趋于统一。前面论及，政府是农村电子政务市场的需求者，因而，农村电子政务的需求，就其根本而言应该是社会的需求。企业的加入，使需求更能体现民意，反过来，又为农村电子政务更易于走向市场提供更大可能。

当然，政府必须采取各种激励和诱导措施，使已经建成的农村电子政务系统工程广泛地为企业和居民所使用。换言之，政府有责任"推销"已经建成的农村电子政务应用系统，扩展农村电子政务应用系统的"市场"，使企业和居民了解它、使用它。这要求政府更加强调服务意识，使农村电子政务系统真正是一个服务于社会的系统而不仅仅是政府内部的一个办公系统，从而充分发挥已经建成的农村电子政务应用系统的效益。

一、农村电子政务建设现状

目前，政府领导是有权威和强有力的，方便自上而下地推行有效的农村电子政务市场化建设，制定统一的标准体系和管理体制，建设农村电子政务信息资源库和中央门户网站。经过多年的投资建设与积累，我国的政府网站体系形成，信息基础设施方面已具备一定条件，政府门户网站建设取得很大发展，普及率高、网站功能不断完善、跨部门的信息共享和业务应用有很大进步，有很大的提升空间。在现阶段，我国农村电子政务市场化建设已经取得了一定成绩，关于农村电子政务市场化建设的"利"是在这个过程中政府部门、公众以及企业能够从中取得的益处。农村的电子政务市场化取得了一定的成绩，有些地方甚至优于城市水平。但在中西部的大部分农村地区，电子政务市场化建设处于落后状态：硬件设施建设落后，民众的信息素养、接受能力相对较弱，农村电子政务市场化工程已经成为我国各级地方政府的一项重要工作内容。实现政府信息化，既是我国各地区经济和社会发展的迫切要求，也是一项转变政府工作方式、提高工作效率、促进勤政廉政建设的十分紧迫的任务。总之，农村电子政务市场化的建设具有非常重要的意义。

（一）取得的成绩

（1）国家正在大力解决"三农"问题，农业、农村、农民信息化建设是迈向农业现代化的关键。农村具有人口多、耕地相对少、富余劳动力较多的特点，建立符合自身实际的乡村信息服务网络，可以为农民提供招工、求职、合作等信息服务，拓宽就业门路，转移农业富余劳动力，是深受广大农民欢迎的一件大实事。据调查，农民中很多人想做什么却做不成的很大原因在于无信息资源，加强农村电子政务市场化建设发展能很好地解决这一问题。大力加强农村电子政务建设，引进市场化机制，对农村电子政务的建设全局具有重要意义。农村电子政务市场化的主要表现为电子政务外包，引进外包机制不仅能够提高电子政务建设和运行维护的质量，还可以节约资金，精减人员。农村电子政务市场化，解决了农村电子政务建设所面临的农村观念陈旧、基础设施薄弱、信息技术人才缺乏等问题，为农业、农村信息化的全面开展准备了精神和物质基础。

（2）互联网的发展为农村电子政务的发展提供契机，也对其提出较高的要求。社会信息化水平的高低已然同国民经济一样，成为衡量国家综合实力的重要标志。其中，政府掌握着大量的关键信息，成为重要的信息中转站，也承担着信息化发展力量。企业的加入，将使电子政务的发展更具创造力和活力。事实上，企业既具有投资的能力，又具有创新的活力，企业对于农村电子政务建设参与方式，使电子政务的收益和风险由企业与政府共同承担，推动电子政务建设在许多国家和地区的发展。显然，企业的这种伙伴关系式的参与意义远远超过将电子政务的工程项目"外包"给企业，它不仅降低政府投入，使政府能做想做而做不到的事情，而且通过调用社会资源，加快电子政务发展的步伐，增加电子政务项目成功的可能性。在该过程中，政府必须采取各种激励和诱导的措施，使已经建成的电子政务系统工程广泛地为企业和居民所使用。换言之，政府有责任"推销"已经建成的电子政务应用系统，扩展电子政务应用系统的市场，使企业和居民了解它、使用它，从而充分发挥已经建成的电子政务应用系统的效益。

随着经济的不断开发，地区之间的联系日益密切，农村电子政务建设越来越重要。农村电子政务市场化是势在必行的，农村电子政务市场化是一项紧密结合的体质与技术创新，事关政府现代化和行政体制改革全局的，十分庞大的工程系统工程。农村电子政务具有变革办公环境、提高政府执政能力、推进"一站式"服务的一般功能，农村政府作为农村社会最重要的信息提供者和使用者，毫无疑问必须成为信息化建设的先行者。

（二）尚存问题

（1）农村信息化建设匮乏问题突出。农村信息基础设施落后，主要是指包括电信网络、广电网络、计算机互联网络在内的信息网络以及各种信息化设备。农村电子政务市场化建设主要有几个特征：农村信息技术水平偏低；网络基础设施较差，投入少；农村居民居住的地理位置分散；农村居民更多地侧重于需要农业生产、生活涉农的信息和行政审批；分阶段进行，时间跨度大，建设周期长。我国一直存在上级信息到县级后，就难把信息下乡、进村、入户，这在一定程度上制约了当地农村经济发展和农民的增收。要实现农村电子政务的市场化，政府行政应以顾客或市场为导向，政府应先开放公共服务领域，实现公共管理社会化，注重提供公共服务的效率和质量，政府的管理职能应是掌舵而不是划桨，政府的工作模式中应引入市场化机制等。随着市场化建设的深入，市场化机制也暴露出了某些漏洞，如各项资源没有得到合理分配，政府的执行机构在某些方面反而受到计划经济的限制。与此同时，不仅是微观经济，宏观经济也受到政府的干涉，建设中存在实用性不高、办事效率低下、资金投入有限、监管不严等问题。

1）收入偏低，给电子政务设施的利用带来一定的难度。我国农村居民收入普遍偏低，计算机网络和传统媒体在电子政务中没有实现优势互补，电视、广播等仍然是当前农民获取信息的主要渠道。在一些地方，由于收入偏低，当地居民放弃使用信息化设施，这在很大程度上影响了农村电子政务的推动。

2）市场运作程度不高，使电子政务建设缺乏动力资源。农村电子政务所服务的对象是广大的农村居民，并且由于我国农村地区的特殊情况，使电子政务是一项政务带头的公益性非常强的工作；又由于我国农村地区特别是西部和偏远山区经济落后，电子政务的市场化运作更是非常困难，这就造成了农村信息化建设缺乏新鲜血液。

3)"数字鸿沟"使电子政务缺乏人才保障。由于农村居民文化素质普遍不高，使农村居民缺乏现代信息技术，而很多农村地区信息化队伍的培训工作没有同步进行，并且工作人员没有做到应有的宣传，造成农村居民对现代先进的信息技术的"数字鸿沟"，如何解决农村居民的"数字鸿沟"是当前面对电子政务建设的长期问题。

农村家庭电脑拥有量低，这是制约农村信息化的最主要硬件设施，信息基础设施的落后制约了农民的信息获取能力。

农民应用电子技术能力偏低。电子政务的实施需要农民掌握计算机网络应用基本技术，但在农村地区，很多农民由于文化素质偏低，不具备相应的电子技术应用能力，缺乏操作电脑、使用网络的技能，更不用说熟练使用计算机。

农村基层政府缺乏信息技术人才。与农民比较，农村基层政府干部的文化素质相对较高，但由于缺乏系统的现代信息技术的学习与培训，一些乡镇干部的计算机基础知识比较薄弱，信息网络技术专业化程度低，影响了农村电子政务建设的有效实施。农村基层政府很难引进和留住专业的信息网络技术人才，缺乏信息网络技术人才是制约农村电子政务建设的一个客观因素。

网站建设滞后。农村基层政府网站建设滞后、格式内容不规范、信息资源匮乏、信息公开不全面、信息的发布和更新不及时、网站的后台维护和建设不完善。很多乡镇政府门户网站公开的政务信息主要集中在乡镇简介、领导简况、发展目标和机构设置这些方面，公布的信息缺乏实质性的内容，缺乏动态的和经过加工处理过的信息，没有充分考虑到广大农民群众的切身利益。

(2)资金、规划和技术、标准不足。资金是否到位是事情成功的关键所在，我国农村电子政务市场化建设自然也是这样。总的来说，我国某些农村电子政务建设的资金投入比较充足，成果也很显著。但与巨大的建设投入资金不相符的是专项保障资金的缺乏。在项目推进中，往往建设时投入很大、效果很显著，但验收过后，后续的保障与维护资金则不能明确到位，没有相对稳定的资金保障，使得专职人员培训、定期数据清理与维护等都失去了根本的保障。专项资金支持力度不足，削弱了项目建设的成效，影响了我国农村电子政务市场化建设的推进，一定程度上助长了"重建设，轻维护"之风。信息共享度差。纵观世界上电子政务市场化建设较为发达的国家无不以制定发展战略和统一的规划标准体系为前提。

(3)小农经济的束缚。我国农村还没有完全摆脱小农经济的束缚。

首先，小农经济导致的信息非标准化和信息不对称难题。小农经济的分散性特点决定了要获得完全的"三农"信息不太可能,因为所花费的"交易费用"是高昂的。在小农经济条件下,农民以家庭为单位的农业生产信息分散、杂乱、特殊,难以适应农村电子政务市场化的建设的标准化、集成化要求;没有标准化、集成化的信息,就没有信息规模集成体系的建立基础,农村信息数据系统也难以建立,农村电子政务市场化建设成本巨大。其实在克服由于小农经济信息分散带来的交易成本过高的问题之外,信息分散导致的实用性不高和针对性不强问题也对建成的农村电子政务系统构成挑战。

其次,小农经济导致涉农信息"碎片化",信息采集困难。信息采集是实现涉农信息资源交换共享、提高农村信息资源开发利用水平的前提和基础。农村组织化程度不高,生产规模较小,信息需求散杂,情况复杂,对信息的需求五花八门、小、散、乱、杂,使得信息服务陷入低层次、穷于应付的被动局面,结果是政府部门对农业信息服务的投入不少,而信息应用的效益却不高。

最后,小农经济导致封闭性成为新农村电子政务市场化建设的思想阻碍。农民在小块土地上耕作,不容许分工,不应用科学,没有任何不同的才能,没有任何丰富的社会关系,心理素质上表现为求稳、怕变、盲目和狂热,从而形成很大的保守性,本能地排斥变革,缺乏主动进取精神。经典理论认为,封闭性是传统小农的重要特征,信息封闭是封闭性主要表现。

(4)行政体制的羁绊。各地政府在农村电子政务建设上经过近几年的努力,取得了可喜的成果,很多农村组织建立了网站或网页。20世纪90年代以来延续至今的农村税费改革和乡村机构改革更加强化了政府在退出农业之后进一步从农村治理领域的退出倾向。经济的不景气、政府的淡出,农村电子政务的市场化缺乏后备的支持,致使困难重重。地方政府在环境约束条件和自身利益的驱使下各自为政自成一体,导致各级政府之间政府各部门之间不能互通互联,信息不能共享就不能充分发挥电子政务市场化的优势。此外,农村电子政务建设目标仍不明确,多数只是政府为方便办公和内部管理而进行的,甚至只是为了应付上级政府对农村电子政务建设的要求和检查,并不是真正为了向农民群众提供更好、更及时、更准确的农产品市场信息和农业科技信息服务,基层政府网站或网页的信息内容不具有适用性和针对性,信息更新也不及时,不能满足指导农民农业生产的信息需求。

首先,相关行政体制保障的缺失。新农村电子政务市场化的建设不仅仅是其本义上的建设。更是与其相关的制度建设,包括资金、人才制度等方面的建设。然而,在实证调查中发现,从我国信息采集机制的缺失可以折射出农村电子政务市场化建设保障体制的不足。

其次,"条块矛盾"导致的部门信息分立。每个政府组织体系内都拥有纵向和横向结构。纵向结构也即"条条",横向结构也即"块块","条块矛盾"对电子政务市场化建设所产生的独特影响主要表现为信息共享机制难以建立。科层制导致的信息需求"官僚化",新农村电子政务市场化建设最好的方式实际上是一种润物细无声的方式,一定要建立在农民需求的基础上,要有农民的参与,不求形式,但求实质性的改善。相当一部分电子政务市场化建设项目属于领导工程,虽然领导重视和决策在农村政府电子政务市场化建设中起着举足轻重的作用,但忽略基本科学、民主决策程序,盲目上马、急于求成,无疑会欲速则不达,甚至造成项目的失败和财力的浪费,最终影响整个地方政府农村电子政务市场化建设的进程。

二、农村电子政务的必要性和可行性

新型农村政府构建是个巨大的系统工程,需要方方面面的力量推动,信息技术在其中的重要性毋庸置疑,农村电子政务是农村信息化建设的"领头羊",农村电子政务在推动政府建设中扮演着极为重要的角色,其发展有其必要性和可行性。

(一)农村电子政务的必要性

1. 构建服务型农村政府的需要

聚焦民生,强化公共服务职能是我国在"十三五"期间各级政府工作的重点所在,但各级政府具体工作的侧重点不同。中央、省级政府的主要职责在于宏观调控的把握,而基层政府主要职责是结合当地实际情况落实践行上层政府的各项法规政策。因此,越是基层政府,政府的各项工作越具体,服务性越强。农村处在行政级别的最底层,它承担着国家管理农村社会事务中极其庞杂且又十分具体的工作,服务标准要求更高。

(1) 有助于推动农村政府业务流程的再造。无论是上级政府,还是基层政府,发展电子政务的核心价值始终是向社会公众提供优质的、便捷的公共服务。但两个层级政府不同的是,相对于上层政府干部而言,农村基层干部综合素质普遍要低,"衙门气息"浓,不少干部完全把自己当成当地的土霸王,什么事情都是自己个人说了算,继续以往的"官僚作风"。而建设和发展农村电子政务可以对农村政府内部原有的业务流程进行优化整合,达到科学再造的目的,为当地农民提供更优质的服务,促使其从过去的"管制型"农村政府向现代的"服务型"农村政府转变。

(2) 有助于农村政府科学决策,提高服务质量。农村电子政务建设不仅有利于快速高效地传达政府的相关政策,拓宽政府公共信息的受众面,而且为民意的表达开辟了一条高效的捷径,让更多的农民参与到农村政府管理中。农民可以通过农村网站的留言栏留言讨论,或者以给农村领导信箱发邮件的形式,来表达对本农村诸多事件的看法、态度及其建议,表达自身的利益诉求。这为农村政府的科学决策提供有益的参考,真正树立"民本"理念,切实采取有针对性的措施解决当前存在的问题,更好地服务于农村农民。

2. 提高农村行政效率的需要

随着全球化的深入,国际竞争愈演愈烈,为在竞争中获得优势,各国一般以提高行政效率为切入点。目前,行政效率成为各国政府公共管理活动的出发点和归宿,是各国政府追求的主要价值目标之一。我国基本国情决定没有广大农村行政效率提高就没有整个国家行政效率的提高,电子政务所带来的管理科学化与现代化,对于提高农村政府行政效率来说是革命性的飞跃。

(1) 降低农村政府公务成本。借助电子政务系统平台可以使农村政府各部门间、农村政府之间、农村政府与上级政府之间进行跨部门、跨地域电子交换作业,公务活动连线办理。这不仅提高农村政府的办事效率,而且降低其管理和服务成本,如过去县政府向农村政府传达文件时,农村政府必须派遣专人亲自去县政府取文件,而一般农村政府与县政府间都有一定的距离,少则几十公里,多则上百公里的路程,这样无疑耗费大量的人力、物力和财力,而现在可通过传真机或者电子邮箱等简单操作。

(2) 办事更加便捷和高效。农村业务网上办理,打破政府传统固定服务时间框架的限制,从 8 小时的服务直接上升为 24 小时的"全天候"服务。人们无论在何时何地只要使用计算机网络就能查到网上办事流程和规则,享受到一线到底的自动化服务,这种"一站式"、"直通式"的服务模式,提高农村政府行政效率,也提高农民满意度。

3. 打造政务公开的"阳光农村政府"的需要

民主已成为当今时代的主流趋势,人民民主专政的国家性质决定政府权力必须接受人民的监督,这是社会主义民主政治发展的客观要求,也是政府改进工作作风,改善党群干群关系的需要。民主的核心是要求政务公开,只有这样才能使政府的日常工作在阳光下透明开展,进而使政府所行使的公共权力得到有效的监督,增强公务人员工作的责任感,让滋生腐败的土壤彻底荒芜,促进政府部门的廉政建设。社会和谐与稳定主要是基层建设,尤其发挥基层的党风廉政建设的作用,如宏伟的大厦,只有地基牢固才能坚实稳固。农村电子政务是实现农村政务公开的有效手段,农村政府网站建立和完善后,农民即使足不出户或者远在千里之外都可以第一时间了解到政府机构的组成、职能、各项政策法规和业务流程的处理情况,了解到与自身生活相关的各种信息,如财务信息等各种费用支出情况。借助电子政务拉近农村政府与当地农民的距离,使农村政府的工作真正置于当地居民的监督之下，克服在传统政务环境下绝大多数社会人员不可能与政府在空间上实现"零距离"的接触。此外，电子政务实现政务的公开化和透明化，使社会监督的有效性越来越强，在一定程度上遏制"暗箱操作"的发生，压缩权力寻租的空间。因此，在政务公开和廉政建设上，电子政务在某种意义上起到"监视器"的作用。因此，农村电子政务建设有利于增强政府的责任意识、改进工作作风，进而增进党和政府的公信力，得到广大群众的拥护，使得他们紧紧团结在党的周围开展生产，为社会的发展创造一个安定祥和的社会环境，巩固党的执政地位。

4. 缩小城乡统筹发展的"数字鸿沟"的需要

改革开放以来，我国各方面都取得令世人瞩目的成就，而与之相伴的却是我国城乡差距的进一步扩大，城乡发展严重失衡。为改变这种城乡二元的分割体制，党中央把五个统筹作为改革目标的出发点和归宿，其中"统筹城乡发展"被列为首位。城乡差距拉大表现在各个方面，其中非常突出的方面是数字鸿沟越拉越大。此种状况势必影响农业信息化综合效益的提高，严重阻碍农村经济发展和新农村建设，致使贫富差距越来越大，成为制约城乡协调发展的一道"门槛"。农村电子政务的建成和使用，人们可以借助于电子政务平台，清除农村农民信息传递的障碍，实现跨越时空的交流，使信息占有和利用机会更加均等和公平。改变其落后的信息环境，农村群众可以及时有效地了解国家的大政方针尤其是国家的强农惠农政策、农村政府最新的工作进展，及其下一步的部署、农产品最新的市场供求信息，进而提升农村地区的发展速度，缩短城乡之间的发展差距，化解城乡二元结构的矛盾。同时，以应用带发展，如果人们看到身边周围的人通过信息技术达到脱贫致富的目的，使生活变得更加便利与美好，无疑会从中受益，自己也会尽最大的努力让自己如同他人一样分享信息化带来的好处，从而一带十、十带百、百带千，带动更多的人分享信息技术带来的便利服务。此外，应用带动发展的同时，发展也能促进应用，实现良性循环，促使人们在原有的基础上不断改进，完善通信基础设施和终端设备，提高计算机应用能力，以争取获得更优质的服务，这无疑有助于缩小或者消除城乡之间的"数字鸿沟"。

5. 培养"新型农民"的需要

培养新型农民的基本标准是有文化、懂技术、会经营的现代化劳动者，农民素质的高低决定新农村建设的成败，培养高素质的劳动者成为新农村建设的关键。建设社会主义新农村，关键是一大批有文化、懂技术、会经营的现代化新型农民。新型农民应具备以下几个方面的内涵，具有较高的科学文化素质，一定的职业技能水平，较好的经营管理能力的现代化农村劳动者。发展农村电子政务有助于培养新型农民，推动现代农业的发展。

(1) 提高农民的科学文化素质。我国农民受教育程度普遍较低,农民受教育程度不高,导致农民文化水平较低,掌握先进生产技术能力较差,农业科技成果应用率较低,很难跟上现代化科学生产的步伐。因此,发展农村电子政务,借助网络远程教育,根据当地群众的实际情况,分批、分阶段对他们进行集中再教育,学习先进的科学文化知识,学习党和国家的基本方针政策,学习基本的法律知识,以弥补其在前期受教育的不足,并定期组织当地群众对所学知识进行测试,督促其学习,提高农民科学文化素质。

(2) 提高农民的职业技能水平。我国目前有 2 亿多农村青壮年劳动力,但接受职业技能培训的却不足万人,绝大多数农村剩余劳动力没有经过劳动技能培训。由于没有受过系统正规的农业技术培训和职业技能培训,农民当前所掌握的职业技能有限,基本上是代代相传的农业生产技能。随着我国农业现代化的不断推进,农村对于农业科技人员和专业技术人员的需求量越来越大,农民自身文化程度较低,对各种生产技能的把握也较差,甚至很多人连基本的农业生产技能都不能掌握,难以满足农业现代化大生产的需要。建设和发展农村电子政务,可以借助电子政务的平台,对当地农民进行相关的技术和再上岗的集中培训,向农民传授先进的生产经验,推广先进的生产技术,进行科学合理的种植和养殖,推动现代农业的发展。以"农业专家系统"为例说明农业专家系统,一般设有先进农、林、畜牧品种的介绍和推广栏目、各类农作物病害虫及鸡鸭牛羊等畜牧品种疫情的病原物查询及其发展规律和如何有效防治栏目、农药化肥如何施用才最有效栏目、不同土壤和土质如何科学诊断并将其配备合适的农作物品种栏目、各类农作物具体的生长期介绍及其科学的栽培管理方法的传授栏目等,农民通过在线咨询或者离线问感形式一般都能得到满意的解答。同时,为了农民易懂、易学、易于接受,除有文字说明之外,还配备形象逼真的图片对每一个细微的环节进行讲解。通过网络引进科学合理的培植方法和技术以改进当地原有的不良条件,有助于促进农业产业化和现代化的发展,促进农民增产增收。

(3) 提高农民的经营管理水平。建设社会主义新农村需要一大批具有经营管理意识、了解市场运行规律的新型农民。但当前我国农民的经营管理能力普遍较差,与新农村建设的要求还相去甚远,我国大多数农民增产不增收的非常重要原因是缺乏对市场供求关系的了解,生产的农产品往往直接出售,而缺少对农产品的加工、存储环节。此外,农产品的销售市场往往只局限于本地,销售渠道窄。农村电子政务建设和发展,一方面,有利于政府主管部门及时收集和分析当前各种农产品的市场信息、厘清其当前市场的供求关系,把这种消息及时传达给当地农民,农户在政府的引导下从过去的盲目生产转到按照市场供求信息调整结构合理安排生产上来,从而科学种植和养殖,产出产销对路的社会所需品;另一方面，借助电子商务，可以拓宽农产品的销售渠道，增加销售产量，抢占市场占有率。这样增强农产品抵御自然和市场的风险能力，在引导农民快速致富的同时，也减少社会总资源的浪费。

（4）农村特色资源的推广。"酒香就怕巷子深"，但原香味已经被严重稀释掉，很难让人发现，效应也会大打折扣。而通过农村政府网站可以把当地所拥有的特色资源信息传达出去，引起商人的注意，把技术和资金引进来，最大限度地把当地有限的特色资源开发挖掘出来，带动当地农村经济的发展，既解决农村当地部分闲置人员的就业，又为农民获取第二职业创造机会，农民可以利用非农忙时间在附近找个力所能及的工作，作为自己的第二副业。在增加农民收入的同时，又不需要外地打工而耽误正常的农业耕种。

（二）农村电子政务的可行性

自加入 WTO 以来，我国各个领域更加对外开放，根据在信息网络发展方面各国所达成的共识——《信息技术协议》，要求我国入世后在网络信息投资和建设方面适度、有序地对外开放，这对我国网络信息产业体制改革具有深远意义。通过引入竞争机制，目前国外大量的网络投资商已经加盟或者即将加盟我国的电信产业的发展，打破传统国内垄断局面，为消费者提供更多的选择机会，促进整个网络信息产业在农村地区的发展。

1. 市场经济在新农村的发展

竞争性是市场经济的基本特征，有竞争才会有发展，谁服务好、价格好、网络通信好，用户就选择谁，有助于进一步提高网络信息服务水平。

首先，外资参与我国网络通信市场的竞争，改善农村地区网络通信基础设施，降低农村地区的上网资费，提高上网速度，使农村上网人数、次数以及上网的时间成倍增加，是提升农村电子政务应用的潜在空间，将促进农村电子政务的发展。

其次，市场经济在新农村的发展，通过以招标形式的电子政务外包工程，不仅有助于提高工程建设的质量，还节省了大量的人力、财力和物力资源，以用于改善软硬件设施，开放的信息网络市场为农村电子政务的发展创造非常有利的环境。

2. 国家强农惠农政策的大力扶持

农村电子政务建设作为一项宏大的系统工程，积极健康向前发展，必定离不开国家大政方针支持。自 2004 年以来，党中央每年的"一号文件"一直都紧紧锁定在"三农"问题上，并围绕新农村建设的需要出台一系列相关的配套方针政策，且每年都在不断加大对农民的扶持力度，其落脚点是促进农业发展和农民增收。我国已正式取消农业税，对种粮农民进行补贴，对农资进行综合补贴，这使农民经济条件更加宽松，对计算机通信设备的购买力增强。后来，"两免一补"政策从我国西部地区拓展到全国，即国家免除全国所有处在农村义务教育阶段学生的全部学杂费用，还为家庭经济困难的学生提供免费的教科书、对寄宿生补助一定的生活费，无疑有利于提高当前农民群众子弟的文化水平，为未来电子政务建设和发展储备了人才。国家再一次强调将在原有的基础上进一步加大家电下乡的补贴力度，让更多的农民享受到实惠，为农村电子政务的发展提供政策保障。

3. 农村信息基础设施的发展

农村电子政务发展是建立在电信基础设施的支撑之上的，为了让信息技术与服务惠及亿万农民群众，我国近几年来在全国一直推行"村村通电话，乡乡能上网"工程，使农村信息化建设取得重大突破，为农村电子政务的发展打下坚实基础。

（1）自然村和行政村通电话建设方面。据《中国农村互联网发展状况报告》统计数据显示，中国移动、中国联通和中国电信三家联合为全国未通电话的个户以上自然村新开通电话，使通电话自然村在全国总自然村中所占的比重攀升，并且还为新疆、黑龙江等偏远地区的建设兵团连队和林场矿区新开通电话。三大电信企业联手克服重重困难，共筹集经费数亿元，组织建设队伍向大山深处挺进，在雪域高原艰苦地区施工，全年总共为万余个偏远自然村与行政村新开通电话，全国通电话的行政村和户以上自然村的比重提高。

（2）农村互联网建设方面。截至2015年底，在全国各个省份中，基本实现"乡乡能上网"，各个省份行政村基本实现"村村能上网"。中国移动、中国电信和中国联通三家基础电信企业的"农信通"、"信息田园"、"金农通"等基础性综合信息平台目前基本覆盖全国。广大农村所辖的地区的网络基础设施和信息服务能力的提高，为农村电子政务的建设和发展普及奠定更为坚实的基础。

4. 先进科学技术的发展

电子政务建设与发展是建立在信息技术基础之上的，先进技术的发展为农村电子政务的发展奠定了良好基础。近年来，伴随信息技术的不断发展与突破，使信息技术使用门槛大大降低，主要表现在以下几个方面。

（1）计算机技术的突破。计算机从最初的"四通"微处理器过渡到微处理器，再发展到目前的"奔腾"系列和"酷睿"系列，处理数据的速度越来越快，且计算机的内存容量越来越大，功能越来越强，而外观却呈微型化发展趋势，携带更加方便。网络从有线发展到无线，网络速度也在成倍提高。

（2）三网融合方案的出炉。三网融合是指把电信网、有线电视网和计算机通信网三者整合成统一的信息通信网络。这样用户仅仅只需要拉一根线或无线接入就可以实现通信，农民可以随时随地根据自己的需求选择网络和终端，如既可以用电视遥控器拨打电话，又可以通过手机看电视剧和新闻。"三网融合"使得网络资源得到共享的同时，也避免了低水平的重复建设，不仅节省人力、财力和物力，最重要的是形成适应性更广更强、更易于维护、价格也更加低廉的高速宽带多媒体基础平台，降低用户门槛。三网融合方案自提出以后，经过近10年的探索，已经有了很大进展，这无疑给广大农村地区信息事业的发展带来福音。

（3）技术的发展。中国移动、中国联通和中国电信三大运营商同时获得业务的经营许可权。国家牌照的发放，意味着中国在信息化建设历史进程中掀开新的一页，中国正式进入第四代移动通信时代。与第一、第二、第三代通信技术相比，第四代数字通信提升了电子数据的传输速度，还可以在全世界范围内实现高质量的无缝漫游，并且能够同时处理图像、音乐、视频流等多种形式的数据，向广大用户提供包括网页浏览、电话视频会议、电子商务等信息服务。手机功能也非常强大，如同一台微型的掌上电脑。上述先进科学技术的发展与普及为农村电子政务的发展在技术上提供强有力的支撑。

三、市场化建设是农村电子政务发展的必然要求

目前，大多数的电子政务的主体是政府，面临着严重的资金缺口问题，电子政务走向市场化成为世界各国推动电子政务发展的重要趋势。核心问题是电子政务也要讲效益，而不是电子政务所具有的各种重要性，不要忽视电子政务工程项目投资的回收，不要忽视电子政务工程项目的使用情况和实际效果。

农村电子政务市场化趋势的一个重要方面是，企业和民间的投资日益成为电子政务资金来源的重要渠道。政府作为电子政务工程项目投资的唯一主体的角色正在逐渐地消退。事实上，企业既具有投资的能力，又具有创新的活力，企业的加入，将使电子政务的发展更具创造力和活力。企业对于电子政务建设的这种参与方式，使电子政务的收益和风险由企业与政府共同承担，推动农村电子政务建设发展。显然，企业伙伴关系式的参与，其意义远远超过将电子政务的工程项目"外包"给企业；它不仅降低政府的投入，使政府能做想做而做不到的事情，而且，通过调用社会资源，加快电子政务发展的步伐，增加农村电子政务项目成功的可能性。农村电子政务市场化趋势的另一个重要方面是政府必须采取各种激励和诱导的措施，使已经建成的电子政务系统工程广泛地为企业和居民所使用。换言之，政府有责任"推销"建成电子政务应用系统，扩展电子政务应用系统的"市场"，使企业和居民了解它、使用它，充分发挥已经建成的农村电子政务应用系统的效益。

1. 农村电子政务市场化建设有利于农村电子政务建设

农村电子政务市场化建设是推动农村电子政务发展的一个重要趋势。电子政

务是一个极其复杂的系统工程，实现市场化运作能够保证电子政务建设的有效推进。电子政务建设要讲究效益，不能因为电子政务的重要性而忽视电子政务工程项目投入资本的回收，忽视电子政务项目的使用情况和实际效果。电子政务的可持续发展归根结底要依赖于本地区产业的发展和企业的发展。电子政务市场化中企业的介入不但能够促进电子政务的发展，也推动了相关产业和经济的发展，从而再反过来推动农村电子政务的建设，可谓是"一石二鸟"。

企业和民间的投资日益成为电子政务资金来源的重要渠道。在农村电子政务建设的过程中，政府首先要解决的是资金问题，但由于财政拨款是极为有限的，加之电子政务建设本身对资金的巨大需求，因此他们也在通过与当地小型企业家的合作、融合民间资产而开展电子政务的建设工作。通过市场的手段，电子政务能够在不同的社会层面上进行宣传，帮助政府扩展电子政务的应用系统市场，使企业和农民都能了解它、使用它，从而充分发挥其效益。所以从整体趋势看，电子政务市场化是解决目前投入不足问题的主要举措，企业和民间投资在电子政务发展中扮演日益重要的角色。

企业能够为农村电子政务的发展提供源源不断的活力。企业不仅具有投资的能力，又具有创新的活力。企业是以效益为上，为了在市场环境中成功存活下来，需要不断更新自身的各方面能力，因此他们是拥有源源不断的创造力和活力。在这方面，国际上有许多先进经验可以借鉴，"新西兰政府强调与私营企业的紧密伙伴关系是电子政务建设成功的基本要素；墨西哥政府将电子政务建设中政府的联网问题通过建立与私营电信企业的战略伙伴关系来进行；南非的电子税务系统则由南非政府的税务总局与私营企业合资建设。企业对于电子政务的这种参与方式，大大推动了电子政务建设在许多国家和地区的发展"。

2. 农村电子政务市场化建设有利于农村政府业务

缓解我国农村电子政务建设资金的压力，减轻政府财政负担。农村电子政务建设中的种种问题的根源是资金不足，导致农村电子政务难以发挥作用。从目前国外的电子政务建设看，投入电子政务的主要渠道是财政，并以财政部门重要官员牵头进行电子政务的建设工作，从而能够形成统一的指挥调度。反观国内的农村，由于财力有限，政府不得不将整体建设分包到各个部门，以整体的中心网站为主，各部门自行通过筹资进行建设，从而和中心网站形成整体。因此在农村电子政务建设中引入市场机制，能够有效缓解建设资金的压力，减轻政府财政负担。通过市场化建设，为农村电子政务建设提供充足的资金，使电子政务系统运行更有效率，更贴近广大的人民群众。

合理的风险分担机制，转移政府电子政务建设的风险。电子政务市场化使电子政务的收益和风险由企业与政府共同承担，既可以加快电子政务的发展，又可以促进企业和产业的发展。就政府而言，长期将有限的财政收入投入到一个不能持续发展的电子政务解决方案中，并不是一个科学的决策，也会导致公共资产的浪费与损失。就企业而言，企业是依靠赢得利润在市场中存活，一味地投资到电子政务，一旦亏损会对整个企业造成无法估量的损失。因此，构造一个政府和企业合作的业务模型，能够建立起政府与企业双赢的伙伴关系结构；同时，合理的风险分担机制，能够转移双方在农村电子政务建设中的风险。

弥补农村地区电子政务建设人才技术缺乏的劣势。电子政务的建设实施需要农民和农村基层工作人员掌握计算机网络应用的基本知识，需要能够发展电子政务的各类网络、计算机等各种信息化设备，更需要专业进行网站建设和宣传以及后台维护的人员配置。而农村由于经济发展水平落后，一方面本地的公众不具备相关技能，另一方面由于资金不足，待遇不高，专业的技术人才也不愿留在农村进行长期发展和建设。通过在农村电子政务中引入市场机制，拓宽资金来源，能够将资金用于人力资源的培训。一方面，培养一批专业技术人才，如网络技术人才，为电子政务的技术做支持；另一方面，加强行政人员的素质培训，提高行政人员的素质有利于深刻理解电子政务的发展及电子政务市场化所带来的长远利益，从而更好地进行农村电子政务市场化建设。

3. 农村电子政务市场化建设有利于农村市场发展

实现信息资源的共享，构建更为完善的农村政务服务。在农村电子政务市场化建设过程中，以涉农对象的需求为导向，不断完善涉农信息的处理能力，通过建立起强大的信息资源共享平台，启动农业市场信息监测，政府信息资源开发利用市场化带动一批民间信息服务企业发展，政府与企业广泛交换与共享农业信息，互补互助、繁荣发展。发展农村电子政务市场化，在市场竞争态势下，提供涉农的市场信息，引导农民对农产品生产加工的合理安排，同时为农民提供切实需要的农业各项政策、技术、市场信息等多样化的实用资讯。这样，通过促进农业经济发展，基层民主与农村公共服务也能得到大力的推进，从而构建出更为完善的农村政务服务，真正回归于农村电子政务市场化的服务本质。

通过建立乡村信息服务网站，既能通过互联网有选择地反映纵向、横向的农业信息，又能搜集和发布本乡镇、各自然村、典型农户的信息，让农民用得上、用得好。农村电子政务市场化建设有利于支持农业发展，推动农业信息化进程，加强农村建设，增加农民收入，加快社会主义新农村建设步伐。农村信息不透明，导致不配合，造成事难办，其中不仅是农民不明白中央上级政策、不清楚政务村务，政府部门也缺少倾听农民心声的信息渠道，尤其村委会的信息传输容易出现断层。建立乡村电子政务市场化，有利于农民采用先进的科学技术手段，积极参与到农村建设的各项工作中，从而有利于扩大农村基层民主，搞好村民自治,健全村务公开制度,开展普法教育,确保广大农民群众依法行使当家做主的权利;同时,随着网络、多媒体信息技术手段在农村的使用,有利于加强农村精神文明建设,加快发展农村教育文化事业,倡导健康文明的新风尚,培育造就新型农民。对于政府而言,政府网站是便民服务的窗口,能够帮助人们实现足不出户就能享受政府的各项服务,在网上实现政府职能,有利于降低行政成本,提高政府办事效率。

引导农村信息化生产生活方式,缩短城乡数字鸿沟。在"村村通"工程和"中国农业信息网"建设工程带动电话、电视、计算机等进村入户的基础上,市场化手段能够推进农村信息服务综合网络系统的建设,作为农民获得信息、享受服务的公共终端。推动信息一体化,保证我国人群数占有绝对量大的农民获取信息的速度、数量和质量,特别是针对性、实用性与有效性的信息。同时,通过市场宣传的逐步扩大,能充分引导各类涉农对象充分享受农村信息服务系统提供的农业信息与公共服务。农民通过海量信息资源的涉猎和学习,一方面,能够与社会接轨,了解当前最新最前沿的实时信息,扩大了自身的知识面;另一方面,通过技术基础培训和在猎取各类信息的实践中,不断掌握信息化的操作能力,提高整体素质,缩短城乡"数字鸿沟"。

4. 农村电子政务市场化建设有利于广大农村公众

引入竞争机制,公共服务效率和质量逐步提高。首先,在利益动机的驱使下,要想实现市场供给,私人部门不得不设法降低生产和供给成本,提供电子政务公共产品的服务与质量,争取能够为公众打造更好的电子政务服务。其次,将市场的力量引入电子政务的供给领域,能有效打破政府在电子政务供给上的垄断地位,更好发挥市场对公共需求反应迅速和灵敏的竞争优势,发挥好市场优胜劣汰机制的作用。总体来说,电子政务市场化能促进模式转变,适应社会发展的需要,市场化的多元主体发挥各自的优势,相互竞争和合作,更好地满足涉农主体对电子政务产生的新的不同需求,逐步提高公共服务的效率和质量。

引导农民亲身参与其中,提高农民的经济水平。农村电子政务的实施必须依靠和提高农民的参与能力,由于农民整体文化水平不高,农民整体现代信息技术缺乏,通过市场化手段,农村政府部门可以利用第三方的力量,指导农民在网上搜索有用信息或者所需信息,引导农民上网发布与获取农产品信息,寻找农产品卖家,利用互联网的强大力量解决农产品的销售问题。同时,通过农民自己获取的大量农业科技信息,能够寻找更多更科学的方法,从而提高农业生产能力。在电子政务市场化建设后,可实现农民与政府的双向互动。一方面,政府可以发布大量关于农业信息、生产养殖技术方法、最新政策等信息之外;另一方面,农民可以将自己的诉求反馈给有关部门,还可以通过农民进行对相关部门的监督,从而保障了农民的知情权、建议权等，实现农民和政府的双赢。

一是公众更多地了解信息。我国一直存在着上级信息到了县级以后，就难把信息下乡、进村、入户了。这在一定程度上制约了当地农村经济发展和农民的增收。当前很多乡村信息来源渠道主要还是文件报刊、电视广播等，信息化建设匮乏问题突出。通过建立乡村信息服务网站，既能通过互联网有选择地反映纵向、横向的农业信息，又能收集和发布本乡镇、各自然村、典型农户的信息，让农民用得上、用得好。电子政务建设有利于支持农业发展，推动农业信息化进程，加强农村建设，增加农民收入，加快社会主义新农村建设步伐。

二是加强乡村基层民主管理。目前一些地方农村信息不透明，导致官民不配合，造成事难办。其中，不仅是农民不明白中央上级政策、不清楚政务村务，政府部门也缺少倾听农民心声的信息渠道，尤其村委会的信息传输容易出现断层。建立乡村网上电子政务平台，有利于农民采用先进的科学技术手段，积极参与到农村建设的各项工作中，从而有利于扩大农村基层民主，搞好村民自治，健全村务公开制度，开展普法教育，确保广大农民群众依法行使当家做主的权利；同时，随着网络、多媒体信息技术手段在农村的使用，有利于加强农村精神文明建设，加快发展农村教育文化事业，倡导健康文明的新风尚，培育造就新型农民。对于政府而言，政府网站是便民服务的窗口，能够帮助人们实现足不出户就能享受政府的各项服务，在网上实现政府职能，有利于降低行政成本，提高政府办事效率。

三是增加农民就业门路。农村具有人口多、耕地相对少、富余劳动力较多的特点，建立符合自身实际的乡村信息服务网络，可以为农民提供招工、求职、合作等信息服务，拓宽就业门路，转移农业富余劳动力，是深受广大农民欢迎的实事。

第四章 面向需求的农村电子政务市场化建设模式

我国经济发展不平衡,东西部地区和南北方经济存在一定的差距,农村这种差距更明显,故在全国农村实行统一的电子政务建设模式不可行。根据我国实际情况,区分对待农村电子政务建设,制定不同的发展战略,实施不同的建设模式,按照"政府主导、部门联动、社会参与、多元投入、公益为主、市场运作"思路开展市场化建设,强调政府的主导作用,企业、社会团体和公众提供相应的协助,弥补政府在农村电子政务建设过程中的实力不足,以更好地建设农村电子政务。

第一节 社会化合作建设模式

农村电子政务市场化建设重要形式之一是采用社会化合作,社会化是在建设政务平台时引导社会各界参与建设工作,将社会组织和企业的力量集中在一起,一同参与平台建设工作。农村电子政务建设是一项庞大的系统工程,政府在能力上面临着一些制约,如IT人才、基础设施、资金和服务升级能力等。同时,由于政府职能是完成法律所赋予的职能,政府的核心业务是政务,政府所擅长的是政府自身的业务,而不是系统信息开发和维护。政府或政府部门无论是从职能上,还是编制、体制、机制上,都不可能养一支专门的队伍进行电子政务系统的建设、运行和维护。大量的技术开发、网络维护等工作,通过招标等方式,外包给专业化的信息企业去做。因此,农村电子政务市场化建设的主要手段是信息技术外包方式,即政府在政务信息化推进过程中,引入市场机制,以租赁方式获得应用服务提供商服务,将电子政务项目建设、日常运行维护以及相关服务等工作部分或全部委托给专业机构或企业完成,其建设周期短,服务专业化,规范化,经济适用。一些地区已经出现带有社会化特点的电子政务，在建设政务平台时也出现了多种合作模式，这些模式是政府采用的外包方式，建设和发展电子政务，创新政务管理和服务模式，为农村电子政务的市场化广泛建设予以借鉴。

一、电子政务市场化外包业务与模式的匹配

电子政务外包是农村电子政务市场化发展的客观要求，当电子政务发展到不同时期，外包方式及内容会随之改变，政府要结合自身需求采用有效的外包方式，通过政府主导才能解决建设中出现的问题，协调好各方的关系，政府要制定科学的规划，合理配置资源。在采用社会化方式建立政务平台时，政府要发挥主体作用，合作方发挥辅助作用。农村电子政务建设中，需要借助市场等力量提供多方面的支持，市场的参与可以通过外包的模式实现，电子政务的外包是电子政务市场化的关键，政府必须对其投入足够的关注，在建立政务平台时，政府应该与企业加强合作及交流，确保政务平台能够为公众提供全面、客观的信息。政府在实施外包工作前应该对政务平台的应用、建设等进行全面的分析，确定是否有必要外包，当政府利用外包方式建立政务平台后必须采取措施对承包商的工作进行监督和管理，不能放任不管。通常可将外包划分为两类，一类是选择性外包，另一类是整体外包，前一种外包还可细分为流程外包、应用外包等。

1. 业务类型的选择

政府在利用外包方式建设电子政务时，应该对业务进行详细的划分，分析各类业务的特点，判定哪些业务可以外包，哪些业务不能够外包，能够外包的业务应采取何种方式外包。按照政府的职能和性质，可将其业务划分为几个类型：

第一，业务不具有特殊性和专属性。这类业务大都是公开的，无须对外保密，不用担心出现泄密问题，在政务系统中，这类业务的共性较明显，因此可采用整体外包的方式交由承包商负责，外包的内容有政务平台的建设、硬件的配备、系统的维护等。政府可利用 BOO 模式建立政务平台。承包商按照政府的要求投入资金建立系统，设施及产品的所有权归属承包商，政府每年缴纳一定的费用就可使用政务平台。

第二，业务没有特殊性，但具有专属性。这类业务不需要保密，但只有本单位才开展这类业务，政府可实施选择性外包，政府投入资金建立系统，并且拥有系统的所有权，在建设政务平台时将维护和技术部分外包，同时做好监管工作，利用外包和自建的方式建立政务平台，提高系统的专业水平。

第三，业务有特殊性，但不具有专属性。通常情况下不能外包这类业务，因为这类业务对安全性有较高的要求。由于业务不具有专属性，许多内容具有共性特点，所以可将一些对安全性要求低的业务外包。政府和承包商建立合作关系，

承包商投入资金开发系统，在合同规定的期限内可以经营该系统，以此获得投资回报，当经营权到期后，承包商要将系统交给政府。

第四，业务有特殊性和专属性。这类业务具有保密性，不能向外界公开，而且只有本部门办理这类业务，此时不能采用外包方式建立系统。对于数据专有的项目，由于涉及较高安全性，通常要对项目进行细分，可将不重要的部分外包出去，政府也可投入资金将项目外包给事业单位。如果业务非常机密、信息非常重要，则尽量不要外包，防止出现泄密问题。

2. 外包项目规模选择

利用市场机制建设电子政务平台，使政务平台的建设实现市场化，政府可将一些项目或全部内容外包出去，外包方式及范围主要取决于电子政务外包的规模和政府与企业建立的合作关系。通常情况下，外包内容包括政务系统的开发、平台的建设、平台的维护，外包方式有服务外包、维护外包等。

观察现状可知，一些政府部门在将政务平台的建设项目外包时，没有对外包需求进行深入的分析和探讨，政务业务包括的范围较大，涉及诸多项目，政府在实施外包前应该对各项业务进行全面的分析，确定是否有必要外包。按照政府规划，可将政务平台划分为三类，主要包括政府针对公众建立的政务平台，政府针对企业建立的政务平台，政府在内部建立的政务平台。不同的平台涉及的业务也不同，所以政府在利用外包方式建立政务平台时必须对平台类型、内容、范围等进行分析和探讨。

从低到高对电子政务外包内容进行划分为IT基础架构建设及服务、应用软件和人机接口部分、政府业务与信息技术结合部分。IT技术体系的建设涉及网络设备、硬件、软件的建设等，这类外包内容的层次较低，该层次具有一个明显的特点，即有着成熟的技术保障，选择外包方式不会影响到相关工作的开展；处在中间层次的政务内容包括人机接口、软件应用等内容，主要以外包维护和平台的建设为主，该层次的内容具有通用性特点，如果采用自主开发的方式会存在大量的重复建设问题，因此可利用外包方式完成；处在较高层次的外包指的是信息技术与政府业务的融合，如政策服务、政府事务处理、公众问卷调查等，这部分内容与政府业务有着紧密的联系，直接影响到政府业务的划分、组织机构的建立等工作。

通常情况下，外包内容所处层次越低，与政府业务的联系越少，此时可将所有内容都外包出去，处在较高层次的内容与政府有着紧密的联系，在外包这类项目时政府必须进行深入的分析，避免在外包时遇到风险。如果外包业务处在较高的层次上，政府必须考虑这些业务的安全性，在实施外包后要积极参与相关工作，防止业务机密泄露，此时外包商只是为政府提供技术支持，不参与涉密业务。

二、社会化合作建设模式的项目外包种类

电子政务外包，又称政府服务外包，是 IT 外包的一种，是政府将电子政务项目建设、日常运行维护以及相关服务等工作，部分或全部委托给专业的 IT 外包服务商来完成的一种管理运行模式。农村电子政务市场化建设的模式主要有 BOT（建设—运营—交付）、BBO（购买—改造升级—运营）、DBO（设计—建设—交付）、BFI（香港模式）等。其中，BOT 模式是指在农村电子政务市场化建设中私营企业参与农村电子政务项目的建设，向农民提供电子政务服务的一种方式，私营企业通常由招投标方式产生。BBO 模式是指在农村电子政务市场化建设中，涉农政府主管部门将原有的电子政务项目出售给私营企业，让其在做出政府所需的改善后，交付给政府以更具成本效益的方式经营。DBO 模式是指在农村电子政务市场化创办过程中，其制订方案、平台创办这些都是由电子政务项目设计开发商承建后交付给政府运营。其最大的特点是根据农村地区不同差异化需求和条件，系统性提供量身定制的最优成功路径，且辅助涉农政府主管部门高效的运行农村电子政务平台。BFI 模式是指在农村电子政务市场化建设中，在政府强有力的组织下，通过项目外包和电子政务与电子商务建设相结合的方式推进农村电子政务的建设，使其实现市场化运作。

（一）BOT 模式

BOT 模式，即建设—运营—交付（Build–Operate–Transfer），是指政府在一定期限内通过特许协议将基础设施建设、经营和管理权让渡给项目投资人，当特许期届满后投资人将该基础设施无偿地移交给政府的一种外包模式。BOT 模式的基本思路是：由政府或所属机构对项目的建设和经营提供一种特许权协议（Concession Agreement）作为项目融资的基础。由本国企业或者外国公司作为项目的投资者和经营者安排融资，承担风险并开发建设项目，并在有限的时间内经营项目获取商业利润，最后，根据协议将该项目转让给相应的政府机构。BOT 模式由于大幅降低了政府投资风险，颇得一些政府大型基础设施建设项目的青睐，并已被许多国家付诸实践。一方面，减轻政府的财政压力；另一方面，企业可通过产品开发、技术咨询与服务、数据的商业再开发而获得利润，使电子政务建设进入一种可持续发展的良性循环。政府与外包商建立合作关系后，政府为承包商提供支持，承包商可以筹资建立某个设施；承包商在政府规定的有效期内经营设施及相关产品，当超出期限后，政府就可接管设施。

BOT 也被称作基础设施国家独有，通过字面意义也可以了解该模式的主要特点，投资主体为了获得利益，出资建设一些基础设施，在一定的期限内他们可以经营该项设施及相关产品，这能使他们的投资需求得到满足，当他们不再

拥有特许权后，要将设施转交给政府，政府无须支付任何费用就可获得设施的经营权。可见采用这种方式能够让国家收回经营权，尽管投资者运营过该项设施，但他们只拥有运营权，并不具有所有权。这说明该项设施的性质从头到尾并没有发生改变，它始终是国家独有的，只是在某个期限内由投资者负责经营而已。

近年来，许多国家利用该模式建设项目，该模式在大型项目建设领域得到了广泛应用，如果项目的规模较大、建设时间较长、花费的费用较多，那么政府通常会利用该模式建设上述项目。一方面，在一定时期内让渡产权，意味着政府不仅将失去项目移交前运营中可观的经济效益，同时如果减少了监控手段，承包方在运营期中增关设卡，提高交易费用，以加速其成本回收及利润获取，其行为结果往往与促进社会经济发展的目的产生矛盾；另一方面，电子政务建设不是交钥匙工程，如果不采取模块化、可定制的开发方式，就不能满足政府职能和机构变化的需要，直接的负面效果是企业与政府之间相互扯皮，政府还需资金的再投入。因此，要避免片面提供优惠政策的错误做法，注重项目选择，防止一哄而上。

由项目构成的有关单位，包括承建商、经营商以及用户组成一个股份组织，对工程项目的设计、咨询、供货和施工实行"一揽子"承包；项目完成后，在特许权规定期限内经营，向用户收取费用，以回收投资、偿还债务、赚取利润特许权期满后，无偿将项目交给政府接管。BOT模式的优点是它不仅能够使政府在没有一点损耗的情况下免费拥有一套有效的信息系统，还能够让承包的企业在其承包的期限内获得有形或者无形的收益。但它在某种程度上也存在弊端，如政府在一定时期内把权力全部交给了承包商，而且给予了一定的期限，这会迫使承包商在规定时间内可能去追逐利润的最大化，最终导致一系列的矛盾产生，阻碍电子政务建设的发展和社会经济的发展。再如，电子政务建设是一种特殊的系统工程，如果其软件不是采取模块化、可定制的开发方式，就不能满足政府职能和机构变化的需求，将导致资源的浪费和两者之间的相互推诿。在这种情况下，外包就没有达到很好的效果。

（二）BOO模式

BOO模式，即建设—拥有—运营（Build – Own – Operate），是指由承包商负责设计政务平台、建设平台、维护平台，为政府的使用者提供培训等，无论是软件还是各项设备都由承包商提供；政府负责制定需求规划，协调各方的利益关系，政府按时向承包商交付费用就可使用相关软件和设备。

信息技术企业投资并承担电子政务项目的设计、建设、运行、维护和培训等工作。硬件设备及软件系统的产权归属信息技术企业，由政府部门负责宏观协调、创建环境和提出需求，政府部门每年只需向企业支付系统使用费即可拥有硬件设备和软件系统的使用权。该模式由 BOT 模式演变而来，是由企业投资并承担工程的设计、建设、运行、维护、培训等工作，而硬件设备及软件系统的产权归属企业；由政府部门负责宏观协调、创建环境、提出要求，政府部门每年只需向企业支付系统使用费即可拥有硬件设备和软件系统的使用权。BOT 模式与 BOO 模式的区别在于：在 BOT 项目中，项目公司在特许期结束后必须将项目设施交还给政府，而 BOO 项目中，项目公司有权不受任何时间限制地拥有并经营项目设施。运用 BOT 模式，项目发起者可拥有一段确定的时间以获得实际的收入来弥补其投资，之后项目交还给政府；而 BOO 模式，项目的所有权不再交还给政府。

这种方式对于政府部门而言，节省了融资和投资的环节，并通过征收所得税和财产税增加收入，但缺乏有效管制电子政务服务价格的机制，而且在承包方机构中缺乏竞争。对这种模式的应用和发展进行分析，有利于我国电子政务的市场化发展，我国农村地区在建立政务平台时可从中获得借鉴与参考。这种模式有一个明显的优势，它能够减少政府部门的投入，可提高政府的工作效率和服务水平，政府不必投入人力和物力就可利用先进的系统开展各项政务工作，企业在为政府提供服务时也可获得收益。在这种模式下开发的项目所有权归属企业，政府支付费用即可使用。

（三）TOT 模式

TOT 模式，即转让—经营—转让（Transfer – Operate – Transfer），是指政府把已经投产运营的项目在一定期限内的特许经营权移交给外商或民营企业经营，待特许经营期结束时，政府再将其项目的所有权收回。这种模式是将当前项目的产权出售，在获得出售资金后再开发新项目，采用这种方式能够使民间资本得到有效利用。具体讲，是政府将某些项目的经营权出售给民企或外商，通过出售获得一定的资金，政府利用这些资金建设政务平台，当出售的经营权到期后，政府再将项目收回。政府采用该方式只是暂时转移了项目的经营权，并没有改变项目原来的属性。

无论政府采用哪种方式建设政务平台，都能够加快政务平台的市场化发展步伐。如果政府投入资金建立政务平台，则能够完全控制平台，此时可将维护和部分项目外包，在外包后要采取有效措施监督承包商的工作，将外包和自建结合在一起可以有效提高政务平台的专业水平。当政务平台进入不同的发展时期后，政府采用的外包方式也会发生变化，政府在挑选外包方式时必须对项目预算、项目特点、项目性质等内容进行深入的分析。

这种方式对于政府而言，能够降低政府经营的成本，有效解决政府资金匮乏问题，可减轻政府的财政压力，能够为政务平台的建设提供资金保障，而且政府没有失去项目的所有权。但面临合同到期时政府重新成为电子政务服务提供者的可能；对于私人部门而言，能够保证设施建设和经营的效率，但更新升级时的融资风险较大。

（四）BBO 模式

BBO 模式，即购买—建设—运营（Buy - Build - Operate），是指现有电子政务服务系统被出售给那些有能力改造或扩建现有系统的企业，企业在特许权下，永久性地经营电子政务服务系统。

这种方式对于政府部门而言，能够得到销售资金，不用为设施更新埋单，但丧失设施的实际控制权；对于私人部门而言，提高收入的机会增加，但风险巨大。

（五）DBO 模式

DBO 模式，即设计—建设—运营（Design - Build - Operate），是指承包商设计并建设电子政务运行系统，同时负责运营该系统，满足在系统使用期间公共部门的运作要求。承包商负责系统的维护建设以及更换在合同期内已经超过其使用期的资产，在该合同期满后，资产所有权移交回公共部门。

对于政府来说，风险在于信息不对称，无法确认承包商的设计是否合理、符合实情；对于承包商来说，由于存在运营服务期，承包商承担不小的被索赔风险。

（六）LBO 模式

LBO 模式，即租赁—建设—运营（Lease - Build - Operate），是指承包方被授予一个长期合同，利用自己的资金扩展并经营现有的电子政务服务系统。它往往享有根据合同条款回收投资并取得合理回报的权利，同时必须向政府部门缴纳租金。

这种方式对于政府而言，可以以较低的方式向民众提供服务，但降低了政府对电子政务控制的可能，同时有遭遇承包方避税风险。

三、外包中合作商的选择与外包管理

农村电子政务市场化建设，是指政府部门将其信息化规划、建设、监理、运维和信息资源管理、业务管理等工作中过去自建或者自管的内容通过市场化机制或授权委托交给专业机构完成，主要包括技术咨询、系统建设及运维、数据传输、数据采集加工、设备托管、数据备份、业务执行、项目筹资等内容。

（一）电子政务合作商的选择

在决定了对电子政务进行市场化建设之后，合作商的选择至关重要，它关系

着市场化建设的成功与否、效果如何。政务挑选优质的承包商，由承包商负责建立政务平台，在选择承包商时，政府应该对其内外部环境进行全面的分析。站在外部环境角度讲，政府要了解承包商的行业地位、发展潜力、公司声誉等内容；站在内部环境角度讲，政府应该了解承包商的技术水平、项目经验、发展情况、人员构成、管理水平、内部资源、相关资质等，具体来说，主要包括以下几个方面：

合作服务商的综合实力。承包商是否拥有足够的资源直接影响到平台建设的专业化水平和服务质量。因此，政府在选择合作企业时应该对企业进行全方位的考察，可以通过实地考察、经验交流等多渠道进行了解，选择最适合自身的合作外包企业，更好地实现电子政务的市场化建设。

合作服务商的管理水平。承包商在承接项目后，必须采取措施控制和管理风险，这样才能顺利完成项目的开发建设工作。政府在考察承包商的管理能力时，可对承包商使用的管理工具、检验方法、流程控制、资质认证等进行审查和调查。如果承包商获得了国际技术标准认证，说明该公司的实力较强，政府可与其建立合作关系。

承包商的经验和服务水平。承包商的服务水平以及外包经验是否丰富是政府决定外包企业的重要因素。通常而言，如果经销商规模比较小，经营周期会缩短，难以保证电子政务工程在开发、运行和维护上的可持续性和稳定性，因此，在外包商遴选中应该选择规模较大、以往外包经验丰富的外包。另外，电子政务的外包和普通产品的生产制造存在明显的差异，普通产品都有一定的规格，用户即使缺少经验仍然可以判定产品的质量。政府建立的政务平台涉及多项业务，要由不同的部门、不同的人员完成各自的工作，在建设政务平台时，各类主体要进行交流沟通，共同探讨系统构成、业务流程等内容。这些内容都没有明确的规格，由于各项业务存在差异，所以平台的功能、质量、使用范围等都存在差异，只有当政府和承包商进行互动后，或接收到产品后才能了解平台的建设质量。为使政务平台达到预期要求，政府在挑选承包商时必须考察承包商的经验和服务水平，如果承包商经验不足，在建设平台时就会出现较多的问题，这会给电子政务的发展带来阻碍。

（二）政府与服务企业关系的建立与选择

在政府决定把电子政务的服务进行外包时，就与企业之间建立了一种关系，常见的服务外包关系有市场型关系、中间型关系、伙伴型关系等，与之相对应的合同有市场型关系与合同、中间型关系与合同、伙伴型关系与合同等。

（1）市场型关系与合同。市场型关系即政府可在多个优秀的承包商中挑选与自身需求最相符的承包商，当政府与某个承包商的合同到期后，政府可以再挑选其他承包商获取相应的服务,这既可以分散项目建设中遇到的风险,还可促使承包商发挥自身的优势,使它们的优势资源得到有效利用。在以下情况中,政府可采用这种方式,不存在非确定性。①能够明确规定外包任务,每个需求都是确定的,能够被度量的,在建设周期内不会受到各类因素的影响,政府可对承包商的工作进行监督和管理,承包商方面不会出现问题,资产不具有专用性。②在实施外包时使用的资源、资产等没有专属性,不受外包关系的影响,即使更换承包商也不会给项目的实施带来影响。③不存在续约要求,只签订一份合同,项目的实施不受合作关系的影响,无论是实施前建立合作关系,还是项目完成后建立合作关系都不会给政务平台的应用带来影响。

(2) 中间型关系与合同。中间型关系介于市场型关系与伙伴型关系之间,其保持或维持合理的协作性,直至主要任务的完成。中间型关系与合同可能存在以下四种问题:无法在订立合同前预测到所有需求;政府和承包商存在信息非对称问题,政府无法了解承包商的所有信息;并非所有业务和工作都能够被度量;当政府在项目实施一半后停止履行合同,此时前期的投资无法收回。为防止出现上述问题,政府应该采用一些有效手段确保合作关系一直持续下去,避免承包商做出投机行为。如果双方签订的是中间型外包合同,政府必须开展管理和监督工作,消除不确定性因素的影响,防止承包商故意逃避责任。此时,政府可利用一些终止条款和定价机制约束承包商。如果承包商有投机行为,此时中止合同能够避免遭受更多的损失。

(3) 伙伴型关系与合同。这种关系的周期较长,政府和承包商不断签订合同,建立持久的合作关系。在这种关系中,双方在签订合同时要考虑以后的合作问题,通过设置要求,促使政府和承包商履行各自的职责。合同中的规定和条款能够发挥约束和指导作用,如果政府和承包商要终止合作,此时可按照合同的规定履行责任。这种合作关系的维持不能完全依赖合同,政府应该结合自身的现实情况与承包商建立合作关系,如此,才能确保项目顺利实施。

(三) 电子政务市场化外包管理

政务平台的外包是一项系统工程,这项工程的规模较大,涉及的业务和内容较多,无论是在建设中,还是在平常的维护中,都有较强的专业性。电子政务平台与政府的各项业务有紧密的联系,因此必须确保政务平台与各项工作相结合,二者不能存在差异,否则会给政府工作带来不良影响。为避免平台在建设中出现问题,政府必须做好监管工作。当政务平台的建设实现市场化后,监督和控制工作发挥的作用更加突出,政府在开展监管工作时应该对外包人员、信息安全、信息技术等内容进行有效的管理,确保各项工作的开展符合制度要求,结合实际需求对方案进行优化和改进。监督管理工作的开展能够确保政务平台项目顺利实施,还可及时解决项目实施中出现的各类问题。

运行维护阶段的管理指的是承包商应该对系统的运行情况有一定的认识和了解,采用科学有效的方法识别系统中的风险,对系统的运行费用、运行效果进行科学的分析,与服务商一同制订应急方案,遇到风险后做好控制和管理工作。服务商在维护系统时必须严格落实检查制度,防止系统在运行中出现问题,及时做好各类设备的维修和更新工作,定期检查系统,及时升级软件版本,做好数据库的维护工作,防止数据丢失。服务商要与使用单位加强沟通,共同解决问题。

信息安全管理指政府要对一些重要信息、机密数据和重要业务进行有效管理,防止这些信息泄露。为提高安全管理水平,政府可制定安全策略,确保参与方能够履行自身的职责,认真落实安全管理条例,出现问题后要及时采取措施加以控制和管理。

人员管理指政府应该为承包商人员提供考核和培训,增强他们的安全意识,依照合同规定,对关键技术人员备案。在平台建设中,如果重要人员有所变动或外包商负责人调整,必须与农村政府和管理部门人员沟通,经许可方可变动人员。

第二节 政府主导市场化建设模式

电子政务是实现农村现代化的重要途径,农村的电子政务和城市的电子政务有很大不同,要考虑如何让农民在享用电子政务服务时获得真正的经济实惠,农村电子政务服务主要体现提高服务效率、改善政府与广大农户之间关系,目标是保持公众与政府部门随时沟通,提高用户再使用意愿,改善政府对公民信息服务、政策咨询服务等,并提供"一站式"服务的网上办理以及农村物资服务等。通过"先商后政"的模式获得及时、准确的市场信息,使农民得到真正的实惠是较为可行的。电子政务不仅是一个政务服务平台,它同时还是一个商务平台,为农民提供一个贸易交易平台。在农民接受这种模式后,逐步商政分离,实现农村信息化。

一、先商后政

政府在建立政务平台时可采用先商后政的方法,在现实生活中,政务平台能够为用户提供哪些信息,这是政府必须思考的问题,假如只是按照过去的工作思路，让用户利用政务平台完成投诉、申报等工作，目前仍有一定的难度，农村居民希望得到对自己有帮助的信息，考虑到农民的实际需求，农村电子政务必须考虑如何让农民获得更多的收益。

近年来，农村发展步伐不断加快，农民经济水平逐步提高，收入来源更加丰富，不再单纯地依靠农产品，而是通过开发本地特色产品、旅游业增加收入，这时需要政府发挥主导作用，推动经济更好、更快发展。政府部门根据当地特色建立相关的网站，在网站上实现产品介绍、销售、服务、售后一条龙，促使政务平台发挥有效作用，为农民提供各类农业信息，满足他们的信息需求，农民在信息的指导下能够开展实践活动，可促使农业生产实现现代化。

先商后政模式能够提高网站的使用效率，可使政府信息发挥有效的指导作用，能够加强各类组织、政府和农民的交流与联系，政府在对农民的需求进行分析后设置多个板块，利用农民能够接受的方式发布信息，与农民进行互动交流，按照农民需求及时调整相关板块。农民通过浏览信息网站可以获取各类信息，他们将信息作为依据制订生产计划，完成农产品的销售，提高自身的农业生产水平，获取更多的经济收入，改善生活质量。过去，这些工作在商业资本的控制下实现，如今电子政务开始成为各项信息及服务的供应平台。最初政府建立的政务平台只发挥传递信息的作用，缺少交易功能，采用先商后政方式建立政务平台，既可以减轻政府的财政压力，还可丰富政务平台的功能，满足农村居民的实际需求，它将成为农村电子政务发展的一个主要趋势。

二、以点带面

在东部、南方经济发达的农村地区，完全可以与城市社区电子政务建设同步，但要注意先试点，再推广，实行以点带面的战略发展模式。具体做好以下三点：①政务村务公开。把政府的一些政策措施和村务情况及时在网上公布，便于村民了解，一方面可以让村民了解国家政策方针，另一方面可以解决村民和基层干部的矛盾。②初步的网上办公与互动。优化政府工作流程，把现实的工作变成网上服务，这样不仅方便了群众，而且提高了政府工作效率。③信息发布、招商引资。如把农村的发展规划发布在网上，吸引投资。

在中西部欠发达或不发达的农村地区，经济基础比较薄弱，还不具备全面发展电子政务的条件，但可以启动电子政务的前期建设，驱动电子政务逐渐发展。例如，加强信息化教育与建设，弥补"数字鸿沟"。农民对电子政务了解甚少，对电子政务有一种神秘感，帮助农民转变农村地区的落后观念，强化农村信息化意识，调动农民的积极主动性，通过电视广播等途径进行农村电子政务的宣传，为广大农民开设信息化、电子政务讲座，使他们认识到电子政务对发展农村经济和提高农村生活水平的重要意义,如中西部农村地区主要是以种植业和畜牧业为主,与种植、畜牧相关的政策、技术和市场信息是这一地区农民所关注的,如此根据不同地域农民的需求建立不同的信息服务。

第五章　面向需求的农村电子政务市场化建设主体和内容

农村电子政务建设是新农村建设的有机组成部分，也是改善农民群众生产生活条件，促进民生发展的一项主要内容。近年来，信息化发展速度不断加快，农村地区的经济水平有明显的改善，农民对电子政务的需求也出现新的期待，传统农村电子政务无法满足公众的需求。因此，面向服务对象的农村电子政务建设主体和内容研究尤为重要，对公众需求投入足够关注，解决建设电子政务时遇到的问题，为电子政务的建设提供有效指导。

第一节　面向需求的农村电子政务市场化建设主体

建设主体是建设过程中主动实施或参与农村电子政务市场化建设行为的组织机构和个人。根据我国农村电子政务建设的实际情况，我国农村电子政务建设主体主要包括政府、事业单位、相关企业、社会组织及农民。

一、市场化建设主体的种类

（一）政府

现阶段，我国农村电子政务建设最重要的主体是政府，包括中央政府、地方政府省、市、基层政府（县、乡镇及准政府性质的村级自治组织）。各级政府及其组成部门根据其管辖领域和职责权限积极推进农村电子政务建设，如中组部主要承担全国农村党员干部现代远程教育网络体系的建设与维护；工信部主要负责包括农村电子政务建设在内的国家信息化与信息产业发展的任务；农业部直接负责"金农工程"等农业电子政务建设。近10年来，科技部联合中组部、工信部等部委发起依托全国农村党员干部现代远程教育网络开展国家农村农业信息化示范省建设试点工作,将农村电子政务建设推向新的阶段。

（二）事业单位

由各级政府设立的有关农村信息服务的机构或组织以及有关国家事业单位构成,包括各级政府设立的农业大专院校、农业科研院所、农技推广机构等。

（三）相关企业

一是信息技术企业,为农村电子政务建设提供技术支撑,如中国移动、中国联通、中国电信及在电子政务建设过程中起重要作用的一些电子商务公司及为电子政务建设提供技术支撑的公司等。二是为农村电子政务建设提供咨询与服务的企业。三是涉农企业,主要从事农业生产、经营、销售或服务业务的企业,既包括从事农业生产的企业,也包括为农业生产服务的企业,如各类农业龙头企业,从事农产品生产、加工、销售等方面业务的企业。

（四）社会组织

一是专门的农村信息合作组织。由农民或相关企业和组织发起的专门从事农村电子政务建设与服务的合作组织。

二是各类农民合作组织,如各类农民专业技术协会、农业科技合作社、农产品合作社等。

（五）农民

农民是农村电子政务建设和服务的受益者,农村信息服务大多是围绕农民的生产生活需要开展的,同时农民也是重要的信息源,是农村电子政务建设的重要主体。

此外,国内各类媒体,如广播台、电视台、报社和杂志社等,以及国外驻华的各类从事各种农村信息服务的机构和组织,都从某些方面或在一定程度上涉及农村电子政务建设与服务,并起到一定的作用,也可以说是农村电子政务建设的主体。严格讲,这些机构或组织的主要业务并不是农村电子政务建设,或者作用并不十分显著,而且按照组织属性大部分可以归入到上述分类中。

二、市场化建设主体的作用

在我国,由于农业的弱质性及长期的二元结构,导致农村经济社会发展全面落后。农村电子政务建设的内容很多具有公共产品属性,农村电子政务建设必须以政府为核心而推进。事实上,党中央和政府十分重视农村电子政务建设,近年来的中央一号文件、政府工作报告及推出各项农村电子政务建设工程项目,均表明我国已将农村电子政务建设纳入农村基本公共服务的范畴。

1. 农村电子政务建设中政府的作用

一般作用。政府作为农村电子政务建设的核心主体,其主导作用主要体现为：引导、协调、规范和投入。

（1）引导作用。主要是通过制定农村电子政务建设目标、出台农村电子政务建设的方针、路线与具体政策来对社会各方参与农村电子政务建设行为进行引导。具体来说，编制农村电子政务建设规划，明确一段时期内农村电子政务建设的指导思想与目标、主要任务、重点领域、保障措施和方式方法等。通过战略规划对农村电子政务建设进行引导是国际上通行的做法，如韩国推出了包括农村电子政务建设在内的《农渔业振兴计划和农业政策改革计划》；日本政府制定了农村电子政务战略计划，日本农林水产省还特别制定了"农林水产领域信息化战略"推动农村电子政务建设。我国政府近年来也十分重视通过战略规划来引导农村电子政务建设，如历年来的中央一号文件关于农村电子政务建设的方针、中办国办印发《国家信息化发展战略》、农业部制定《全国农业和农村电子政务建设总体框架》等。运用具体政策对社会各方参与农村电子政务建设进行引导与扶持。主要是综合运用财政政策、金融政策、产业政策、技术手段等政策工具，对农村电子政务建设领域内的社会力量给予政策优惠和各种扶持。通过对农村电子政务建设领域采取特定的政府行为引导各社会主体的参与建设和服务，如购买服务、转移支付、财政补贴等。

（2）协调作用。农村电子政务建设涉及的范围广、综合性强、关系错综复杂，需要多主体、多部门的协同参与和支持。政府的协调作用表现为：①协调政府内部关系，纵向上协调中央政府及相关部门、地方政府及相关部门之间的关系；横向上协调各政府部门之间的关系。农村电子政务建设涉及的政府内部多个部门，如科技、组织、工信、农业、国土、农机、水利、气象、教育以及邮电通信等，各个部门均根据各自的职责权限、管辖领域开展农村电子政务建设。由于部门分割，目标不同及利益上的差异极有可能造成农村电子政务建设步调不一甚至相互矛盾，这就要求良好的协调。②协调政府与其他社会主体之间的关系。农村电子政务建设的复杂性决定无法靠政府单打独斗来实现信息化的目标，电子政务建设要依靠企业、中介组织、科技推广机构及农民个人等。这要求政府应通过一定的政策和制度安排，事先规定协调解决问题的办法，遇到问题时能及时协调解决。③协调各社会主体间的关系。组织性质的差异决定各方建设目标的不同，建设过程中难免出现矛盾和不一致，要求政府作为中间人和"裁判"进行协调。通过协调，使各方达成共识，整合力量，发挥协同效应，形成农村电子政务建设的合力，同时通过协调整合各类资源，实现资源共享，避免重复建设，提高资源利用效率。

（3）规范作用。主要通过三个方面实现：一是制度规范，即制定和完善农村电子政务建设所需的规范的政策法规制度，抑制信息产品和服务的垄断，保护信息知识产权，规范农村电子政务建设与服务行为，如打击发布虚假信息、危害网络安全等行为，为农村电子政务建设提供制度支撑；二是标准体系，农村电子政务建设对于基层来讲还是一个新鲜事物，农村电子政务如何建设，建设到什么程度，各地方尤其是基层都不清楚，在这种情况下，由政府出面组织制定农村电子政务建设的管理标准、工作标准、技术标准，对农村电子政务建设予以明确的规范，保障农村电子政务建设的有序高效进行；三是监督机制，主要是对农村电子政务建设项目建立监督检查机制，开展常监督、定期和不定期的检查，强化项目的监管，确保项目建设质量。

（4）投入作用。主要有三方面：一是资金投入。农村信息资源具有一定的公共产品性质，农村电子政务建设实质上被纳入农村基本公共服务的范围，必然要求运用公共财政对农村电子政务建设予以支持，要安排一定比例的农业发展资金和支农资金甚至成立农村电子政务建设专项资金推动农村电子政务建设。二是技术投入，农村适用信息技术的研发、推广离不开政府的支持。三是人才支持，决定农村电子政务建设成效高低的关键因素是人才，农村电子政务要实现可持续发展要靠高等院校向农村输送信息人才，还要依靠政府花大力气加强农村信息员队伍建设和提高农民的信息素养。

2. 农村电子政务建设中各层级政府的作用

必须指出的是，不同层次的政府部门在农村电子政务建设中的职能重点不同，其具体作用并不完全一致。明确各级政府职能范围，有助于协调各级政府间的关系。政府层级分为中央、省（直辖市）、市、县（区）、镇（乡）五级，加上公共管理的神经末梢组织——准政府性质的村级自治组织共六级。从纵向可以将农村电子政务建设中的政府分为四个级别：中央、省级政府、市县政府、农村政府。

（1）中央政府及部门的作用。美国著名学者塞缪尔亨廷顿曾经指出，在发展中国家进行现代化改革，如果离开中央政府的强力支持和指导，是很难取得成功的。因为发展中国家往往实行的是集权体制，没有中央政府的支持与推动，下级政府的创新和变革活动往往缺乏持续发展的动力。中央政府及其部门作为农村电子政务建设的主体最主要的作用是为全国农村电子政务建设进行顶层设计，为各级政府农村电子政务建设提供发展蓝图与政策推动力，主要做法是：制定全国农村电子政务建设的总体规划与战略，绘就农村电子政务建设蓝图；结合国家信息化战略出台农村电子政务宏观政策，各部门结合实际工作出台行业（领域）政策；启动各项全国性的农村电子政务建设重点工程项目，推动全国性农村基础设施建设和搭建各类信息平台；建立农村电子政务建设专项资金和用于电子政务建设的支农资金。

(2) 省级政府及部门的作用。根据中央及各部委农村电子政务建设部署，结合本省实际情况，制定省域农村电子政务建设与实施方案并确定具体发展模式；出台本省农村电子政务建设规划与中观层面的政策；推进省级农村信息服务平台建设，加强配套机制建设等。

(3) 市县政府及部门的作用。根据农村电子政务建设的"平台上移、服务下延"的方针，市县政府及部门在农村电子政务建设中起承上启下的作用。根据省级政府农村电子政务建设部署，整合农村电子政务建设资源和力量，将农村电子政务建设政策与方案落到实处。

(4) 乡（镇）政府及村级自治组织的作用。这一层级的政府（组织）处于农村信息建设的一线，最贴近农村实际，也最了解农民的信息需求，其重点工作是根据上级政府的部署和要求配合建设农村信息基础设施建设，建设乡（镇）级信息服务站和村级信息服务站，配备配齐农村信息员队伍、定期开展信息技术培训，引导与组织农业龙头企业、种养大户，个体工商户和农村经纪人、农民参加信息培训，提高农村群众的信息素养，提高信息获取能力。

3. 农村电子政务建设中事业单位的作用

事业单位是我国计划经济体制下形成的在非政治、非经济的关系到社会公众基本利益的社会公共事务领域内公共服务与管理的实际承担者，是具有中国特色的公共组织。在信息化浪潮席卷全球之际，相关事业单位在政府引导（行政许可、行政授权、购买服务、项目资助等方式）、市场推动（企业资金投入、寻求合作、提供市场信息服务等）及社会需求（事业单位的公益性、自身目标与使命驱动等）刺激下行使公共服务职能，积极参与农村电子政务建设，并起到积极的作用。

(1) 信息咨询与服务。技术开发与推广农业科研院所、农业院校等涉农科教单位具有农业科技与涉农信息技术创新的智力优势，是农村电子政务建设的重要参与力量。农业科研院所、农业院校等涉农科教单位拥有大量的涉农科研资料数据库、科研成果数据库是农村电子政务的重要信息源。大量涉农技术、信息技术及经营管理方面的专家通过信息服务平台对农业生产一线进行指导，基层农技推广机构的工作人员也可以为农民提供及时有效的农业科技、市场服务、经营管理等方面的信息咨询与服务。

(2) 人才培养与输送。涉农科教单位在农村电子政务建设中利用现代信息技术进行科技创新并将成果进行转化、推广、应用于农村，直接参与关键涉农信息技术的创新与应用，直接参与农村信息基础设施建设等，基层农技推广机构也是农村电子政务建设的重要力量，直接参与农村基层科技信息的传播与应用及信息化设施的运维等。主要表现为：一是培养大量涉农大中专生，其中相当一部分到农村创业和发展,如大学生村官、选调生、大学生创业者等,为农村发展输送新鲜血液;二是有计划地向农村派遣科技特派员、支农服务队等;三是对农业龙头企业、种养大户、个体工商户和农村经纪人、农民等进行包括村信息技术内的实用技能培训。

4. 农村电子政务建设中相关企业的作用

企业是市场经济最活跃的主体,也是实现资源优化配置最有效的主体。企业具有天然的逐利本能,在农村电子政务建设过程中,相关企业能够敏感地嗅到商机。如前文所述,信息资源具有经济特性,如效用性、稀缺性、增值性等,即具备商品的一些特性,能够用于交换,同时信息非对称性可以使相关企业利用其专业化优势通过提供信息产品和服务获利,信息资源的增值性也为相关企业的信息增值服务提供了市场机会。因此,在市场利益驱动、政府政策引导及自身社会责任追求综合作用下,各类企业尤其是信息技术企业、信息服务企业及涉农企业能够积极参与农村电子政务建设,起到极为重要的作用,主要表现为以下几方面。

(1) 建设农村信息设施与项目。一是积极建设农村信息基础设施。主要是在农村铺设电视、电话语音设施、宽带网络线缆、移动通信基站等信息基础设施。如中国联通、移动、电信等基础电信业务经营商自筹经费建设"村通工程",承担电信普遍服务义务等行为。二是承建农村电子政务建设项目。主要是根据政府、企业或其他个体的需求,通过市场机制,承担相应的建设项目并获取利润,如提出并实施农村电子政务建设解决方案、建设开发农村综合信息服务平台、进行综合布线、局域网和广域网设计等。

(2) 搭建交流与交易服务平台。一是搭建农村信息服务网络平台,如中国电信的"信息田园"、中国联通的"农业新时空"、中国移动的"农信通"等,为农村生产生活等各类信息资源的发布、传播提供了良好的载体。二是搭建农村信息交流平台。一些信息技术企业主动搭建便民的农产品供求信息、生活交友信息等方面的交流平台,给广大农民创造互动交流的机会,打破传统上的农民之间、各农村地域之间由于缺乏信息交流、无法共享信息的孤立发展局面,也有利于破除各地域之间农村电子政务的非均衡发展局面。如村村乐网站就是一家集农村网上社区、农村分类信息以及农村交友的一个综合性互联网平台,搭建了村庄互动交流合作平台,在村与村之间建立了直接的对话方式,可以互相交流农村的发展经验,在村民之间沟通互动的信息通道等。此类网络交流平台越来越多,农村信息交流越来越频繁和便利。三是搭建农产品交易平台。农村电子商务将是农村电子政务的重要内容,一些企业看准了这方面的商机,自发搭建各类电子商务平台,提供农资和农产品市场供求撮合、物流配送、交易信息推送、网上支付等商务服务,促进了农村电子商务迅猛发展。据商务部发布的《中国电子商务报告》，以淘宝网（含天猫）为例，正常经营的注册地在农村（含县）的网店数量上万个，其中注册地在村镇的较多。"农村电子商务的发展，使农用物资的采购、农产品供求与农产品贸易等信息的交流与传递能在一个更加广阔和开放的市场空间中，便捷、高效、低成本进行，实现"农产品进城，工业品下乡"，破解传统的由于信息不对称导致的农用物资和农产品"买难"和"卖难"，也有利于农村各产业的发展深度融入全球化市场中。如湖南省现有网上供销社、新农村商网、长沙农产品电子信息平台等农村电子商务平台，发展势头良好。

（3）提供农村信息产品和服务。一是提供公益性信息产品和服务。如由企业主办的各类农业网站收集整理和发布有关农业生产经营管理信息、农业科技信息、市场供求信息、农村生活信息等，便于广大农村居民获取相关信息，普遍受益。二是提供有偿信息产品和服务。在市场经济条件下，农村信息市场主体是多元的，他们信息需求巨大、信息需求内容五花八门，相关企业凭借自身的技术优势、信息优势和规模优势，根据不同需求主体的独特信息需求提供具有明显的针对性和较强的专业性信息产品及信息服务，满足信息用户的多层次、个性化、多样性的信息需求，并从中获利。

当然，不同类型的企业在农村电子政务建设中所起的作用不同。信息技术企业具有技术优势，其主要作用是为农村电子政务建设提供技术支撑，为农村电子政务提供技术解决方案和具体开展各类建设项目；信息服务企业具有信息资源优势，其主要作用是抓住网络时代内容为王的农村电子政务建设要求，通过网络、手机短信、热线服务电话甚至组织面对面的咨询服务，提供满足信息用户个性化需求的信息服务产品和内容建设，帮助农民和农村中小企业解决实际问题。涉农企业一方面顺应信息化潮流，加强自身信息化平台建设如建设企业网站等，带动信息化在农村的发展和应用；另一方面通过广播、电视、网络等信息化手段向社会发布广告、推介新产品、传递农业信息等，收集反映市场需求信息帮助企业及本企业所联系的农民按照市场需求组织生产。

5. 农村电子政务建设中合作组织的作用

合作组织是现代社会中介于农村市场主体与政府之间的社会协调性组织，能在市场失灵和政府失灵领域起到重要作用，是农村社会建设和发展的重要补充力量。在农村电子政务建设中，合作组织能很好地在政府和企业间起到补充作用。农民专业合作组织是农民组织化的重要途径，是分散的农民"小生产"参与社会化"大市场"竞争的桥梁和纽带，也是当前最有效的保障力量。温铁军教授就非常明确地指出，农村电子政务建设只能依托农村组织建设，"要想推进农村信息化，最主要的、最基础性的工作，就是提高农民的组织化程度"，指望数亿个小农户去接受信息服务，"无论政府还是企业，出多少钱也解决不了问题"。

因此，作为农民组织化重要载体的农民专业合作组织既是农村电子政务建设的重要主体，也是农村电子政务得以推进并落到实处的重要保障。

根据在农村电子政务建设与服务中的作用，可以将农民专业合作组织分为专门的农民信息合作组织和非专门的农民信息合作组织。专门的信息合作组织以为组织成员和广大农民提供信息沟通、交流、合作、共享等服务的信息互助组织，其主要活动是组织举办各种类型的信息发布会、交流会、研讨会，开展多种形式的信息交流活动；举办各种类型的农村经济信息技术培训班，普及科技知识；面向社会提供各类农业信息咨询服务等，主要组织形式有农村经济信息协会、农业信息服务专业合作社、农业信息服务站等。在市场化和信息化的推动下，这类农民专业合作组织逐步发展起来，但总的来说数量仍不多。

据统计，目前我国农村有各类专业合作社、股份合作社、专业协会等形式的农民专业合作组织几万个，其中较为规范的较多，广泛分布于种植业、畜牧业、水产业、林业、运输业、加工业以及销售服务行业等各领域，是实施农村电子政务建设的一支新生的组织资源。这些数量巨大、分布领域广泛的农民专业合作组织在农村电子政务建设中可以起到极为重要的作用。主要体现在以下几方面：

（1）降低农民享受信息服务的入门级成本。由于信息终端设施及信息服务的成本问题，农民在信息服务面前往往望而却步。相对农民个体，农民专业合作组织具有一定的经济实力，能够承担计算机、传真机、固定电话等信息终端设施购置及入网费用和专业信息服务等方面的成本。农民专业合作组织可以在产前垫付成本，在产后对所有成员进行成本分摊，这能够有效地解决农民建设信息网络的资金不足问题。

（2）整合涉农信息资源，促进涉农信息资源的有效利用。农民专业合作组织外连"大市场"，内接"小农户"，通过建立信息收集利用系统，对外发布农户和合作组织的基本信息、农产品供应信息、农资、新技术、新品种、新机具等方面服务的需求信息，对内交流与共享国家政策信息，生产、加工、销售等方面的技术信息。

（3）促进农村产业信息化。依托一批特色鲜明、影响广泛、实力雄厚的农民专业合作组织，建设农村专业信息服务站，围绕产业链条，开展全方位技术与信息服务。如建设粮食作物、经济作物、果树、蔬菜、林木花卉、畜牧、家禽、水产、农资配送和农产品物流等重点产业专业信息服务系统，实现其全产业链的技术信息智能采集、智能检索、专家系统辅助决策、短信咨询、在线留言和专家在线视频服务等信息服务。积极推进"猪网"、"种网"、"米网"等专业信息服务网站建设。

（4）促进农民信息化。一方面，由农民专业合作组织组织和参与的电子政务建设可以为组织成员带来实实在在的经济利益，其内在利益激励会比政府宣传、倡导、劝说等影响力更强，能有效提高广大农民的信息意识，农民能更加主动参与电子政务建设；另一方面，合作组织可以通过举办信息技术培训的形式及通过成员间的互帮互助，培养和提高农民的上网、发布信息等技能操作，提高农民信息发布、获取与利用能力，带动农民参与农村电子政务建设并从中获益。

6. 农村电子政务建设中农民个人的作用

社会个体既是市场经济中的最基本的经济主体，也是社会行为的主体，相应的组织之外的个体力量也是农村电子政务建设的主体之一。农村中的各类社会个体在经济利益和公益精神等驱使下，利用自身的专业知识、社会地位和关系网络等从事农村电子政务建设与服务，这些社会个体主要有种养大户、小规模经营的农户等。

农民是农村市场经济的重要主体。在农村电子政务建设中，种养大户主要有两方面的作用：一是积极接受农村电子政务影响，采取各种方式主动参与电子政务建设，如主动购置农村电子政务终端设备，提高个人信息化素养和技能，建设个人门户网站或网页，通过各种信息化服务平台收集与发布生产信息等；二是对周边农户进行信息辐射、带动和示范作用，与周边农户进行信息共享、通过人际传播的方式进行信息传递及开展信息咨询与服务。种养大户通过参与农村电子政务而产生的变化，被周边农户看在眼里，记在心里，能对其产生直接影响。小规模经营的农户是农村信息服务的对象，也是农村电子政务建设的受益者，通过信息化获得经济收入和生活便利等，同时这些农户也是农村电子政务的建设者和推动者。

第二节　面向需求的农村电子政务市场化建设内容

农村电子政务能够有效地促进农村社会、经济文化的发展，但受制于农村社会文化基础和物质基础的限制，农村电子政务的功能无法得到全面的体现。现代农业的发展依赖农村电子政务的发展，因此，促进农村电子政务的发展也能促进农业发展。运用现代网络技术、计算机技术和通信技术运行电子政务离不开信息基础设施和相关软、硬件技术的支持。本书进一步提出农村电子政务市场化建设领域，涉及硬件建设、软件建设以及业务应用三个方面。

一、硬件建设：市场化建设打通"最后一公里"

由于农村地区位置偏远、经济欠发达，导致城乡发展不平衡，电子政务建设中的"最后一公里"长期存在，不利于城乡一体化的实现。因此，在农村电子政务中引入市场机制，借助市场力量在农村电子政务建设中融入多元主体，确定建设载体，理顺管理体制，整合信息资源，建设综合信息数据库。结合农村的实际情况，对农村政务信息资源整合统筹安排布局，按照信息化建设电子政务先行、电子政务建设信息资源整合切入、政务信息资源整合门户网站建设入手、门户网络建设部门网站移植新建起步的思路，采用集群、负载均衡和高可用的服务器集群技术，统一标准，集中存放政务公开数据，建成综合信息数据资源库，实现部门数据库与综合信息资源库之间的动态数据自动更新。通过完善农村电子政务基础设施建设，解决部门技术人员相对缺乏的问题，解决非标准低水平重复建设所造成的信息孤岛和资金浪费，为下一步开展平台上的应用提供良好的环境。

（一）充分发挥市场作用，提升农村上网水平

农村电子政务建设首先要确保有足够的财力、物力和技术支持农村信息基础设施建设，创造有利于农村电子政务发展的硬件条件，降低农村电子政务入门门槛。中国农村发展程度不均衡，东部、南部经济发达，农村信息化水平较高，中西部落后，"最后一公里"问题长期存在。农村东、中西部存在差异，同一地域各村情况也不同，农村电子政务信息基础设施很难有统一的建设方案。然而，毋庸置疑的是要解决好"最后一公里"问题，建成城乡网络一体化和农村信息化基础设施。针对农村信息化基础和农民切实需要，信息基础设施包括电信网络、广电网络、计算机互联网络在内的信息网络以及各种信息化设备。以农村信息基础设施建设为契机，联合文体、广电及电信等部门，本着可持续、整体布局和应用合理铺设基础电信网络，用"村村通"工程和"中国农业信息网"建设工程推进；以农村信息体验中心（站、点）及农村信息化示范村为先导，推动电话、电脑、电视等进村入户，提高农村电话、电脑的普及率，提供上网设备，降低上网费用，降低农民接触电子政务的硬件门槛；在科技信息化发达地区设立卫星宽带互联网接入点、宽带服务中心、农村信息服务站点等。

通过市场力量的注入，为当地涉农主体上网提供基础设施或者降低其购买成本，确保家家户户均有网络硬件设施，激发农村上网热情，降低农民上网成本，提高网络普及率；吸纳民间资本实现农村互联网接入，建立以农村综合站点为网络中心的农村基础信息网，采用PLC等技术，建立覆盖一定范围的局域网，辐射周边；通过引入市场机制，进一步加强对农村宽带设施投入，增强家庭宽带信号，减少信息使用费用，为公众提供全面、优质的信息服务，使政务网站发挥积极有效的作用。利用电子政务平台可以为农村居民提供丰富的信息，可以减少信息供应成本，同时能够促使政府和企业共同承担平台建设中的风险。在一些条件较成熟的农村，可免费为农民提供网络，减少他们获取政务信息花费的成本。

(二) 引入多元化投资主体，促进农村电子政务更好更快发展

缺乏投资主体以及资金的欠缺一直以来制约着政务平台的发展，虽然政府采取多项措施推进政务平台的建设工作，并且提供了许多政策支持，通过一些渠道为其注入资金，但这并不足以改变农村电子政务发展缓慢的现状。究其原因是因为融资工作不力，社会各界对农村电子政务缺乏积极性，民间资本参与度低、企业投资少，农村电子政务主要依靠政府单方面的建设，投资渠道不尽发达。因此，有必要引入市场机制。农村地区在建立政务平台时必须将基础设施作为保障，如果缺少基础设施，政务平台的建设就会遇到阻碍，因此必须积极建设基础设施，主要建设的设施有广电网络、电话网络、互联网网络以及各类信息设备。信息基础设施投入高、范围广，仅靠政府单方面投入难以实现，为了实现电子政务的可持续性、合理性、全面性，政府部门有必要调动中国移动、中国联通、中国网通等市场力量进行政企合作，从而更好地实现农村电子政务的繁荣、长久发展。通信企业、运营商市场化程度较高，应积极引导，使其参与其中，从而建立有效的运营机制以及商业模式，实现农民得实惠、企业得利润的双赢结果。

农村基础政府应积极制定拓宽农村市场政策，推动形成农村电子政务市场化建设的融资模式，制定鼓励企业投资的指导性文件，吸引更多的民间力量加入农村电子政务建设中，使运营商更好地参与到农村信息化建设。鼓励中国电信、中国移动、中国联通等电信运营商及广播电视公司等大众媒体运营单位，在共建共享、相互融合的基础上，加大对农村信息基础设施建设的投入力度，积极参与农村公共服务平台建设。大胆创新农村信息化项目的建设和运营模式，按照政府引导、市场运作的要求，制订项目建设运营方案，采取市场倾斜、购买服务等方式，引进大企业投资农村信息化建设，力争做到建设一个项目、培育一家企业、带动一个产业。

二、软件设计：顶层设计两条并行的农村电子政务应用平台

与城市相比，农村具有自身特点，农民需要的信息和城市居民需要的信息也存在差异，为使农民的需求得到满足，农业管理部门和当地的政府部门可结合农村的现实情况，在对当地的政务平台建设和信息化建设进行分析和研究后，对政务业务进行划分，找出关键性业务，确定政务平台的功能、数据构成、资源供应、安全保障等内容，将此作为依据构建政务平台。

(一) 做好顶层设计，建设农村电子政务运行平台

注重农村电子政务主体职能协调，面向农村建立由两个并轨的信息平台组成的综合性农村电子政务运行平台，即农业部门和地方政府的农业信息服务平台，在目标明确的基础上统一宏观规划平台建设，做好顶层设计。

(1) 国家农业信息资源服务平台。涉农政府部门从宏观上协调农业内部各层次、各产业间的比例关系，引导农业生产、经营的大方向，并按照这些内容在电子政务网上发布信息，组织、引导农民参与到农村整体发展中。在这一过程中，重要的是做好网站兼容性设计、网站导航、连接与动态更新。网站系统要做到既与部门内部兼容，又与村务办公系统兼容，避免横向信息传递不畅；电子政务平台搜索引擎、菜单栏、网站地图要方便农民搜索、阅览和发布信息，网站导航指示明了才能更好地实现导航性；涉农部门要做好网站链接，并及时更新信息，保证农业信息内容的时效性。

(2) 农村地方农业信息资源服务平台。根据本地资源特征和优势制定农业发展战略与政策，依据相应规划，突出农村区位特点，收集分析农业信息，建立覆盖乡村的地方农业信息资源和服务平台。为了方便农民使用，可借助子网站群做法，即一个主站集合若干分门别类的子网站。输入政府综合门户网站网址，再点击进入农村频道主页面，即可浏览各村网站或本地特色农业产业网，使其具备提供"一站式"服务的优点。村级网站内容涉及村级首页、通知通告、村务公开、本村动态、本村风采、农事指南、党建工作等，展现村庄环境、乡村风土人情和自产农产品；特色网站包括粮食网、瓜果蔬菜网、畜禽网、水产养殖网、花卉茶叶网、乡村旅游网等，平台设置为不同农业资源提供相应的信息化管理与科技服务，帮助农民找方向、抓机遇、避风险。

(二) 统筹规划农业信息运行平台

目前，为农村电子政务建设和信息资源整合提供的应用平台主要有农村政府门户网站、农村政府部门办公信息资源管理系统、农村政府部门远程资料收发管理系统等。农村建立政府门户网站是农村政府在互联网上开设的统一宣传窗口，由总站和市属各部门、所辖各县市区的分网站组成，具有信息发布、互动对话、网上办公、综合查询等功能，可实现政策发布、市民对话、表单下载、远程资料收发、电子邮件服务、领导决策支持系统、综合信息查询、网上商品交易服务、网上建设招投标等业务。办公信息资源管理系统直接面向农村管理办公自动化，以协调工作和为民服务为核心，对农村事务办公产生的各类信息进行加工整理，为各相关政务管理部门文件传递、工作安排、资料查阅、业务管理提供信息发布和数据交换的共享平台，为农村事务决策、公众服务和业务数据库建设提供原始数据。远程资料收发管理系统为农村政务部门间开展非密级文件及资料的远程传递、收发、签收、查找等服务。

将多个政务平台结合在一起，为农民提供多元化信息。农业信息平台对农业、农村信息化进行统筹规划。农业信息平台的建设可供用户在平台上获取相关农业信息，进行农产品贸易活动，加快农产品交易进程。农业信息平台的建设内容主要包括农业领域公共服务站点以及农业数据库的建设,农业信息运行平台不同于农村电子政务建设,因此,在农业信息平台建设中,应发挥农业信息平台的主渠道作用。

三、业务开展:创新农村基础政府管理

农村政府管理创新,即建设农村"公共服务型政府",在很大程度依赖于农村电子政务的实施,如政务公开、政府上网、舆论监督、"一站式"服务等。可以说,农村电子政务建设本身是一种政府管理的创新。

(一)农村电子政务市场化建设与政府管理创新

农村政府管理创新是关于农村政府的角色定位的合理解释,它体现在政府自身特征、促使并保持正常工作,以及持续发展而构建的反映明确服务意识的观念体系。我国农村政府创新总的来说是建立"公共服务型政府"。

1. 农村"公共服务型政府"内涵

农村公共服务型政府是市场经济条件下政府管理的一种新模式。

(1)以市场为导向。农村"公共服务型政府"必须建立在市场经济基础上,必须面向市场、以市场为导向。市场经济是"公共服务型政府"的根基,目前还有很多农村的市场建设不完善,市场经济发展不平衡,这也是需要农村政府努力改进的。市场经济越是深入发展,政府的公共服务性越强。从这个意义上,农村市场经济的建设作为建设"公共服务型政府"的必然选择,将对农村政府管理产生巨大的影响。

(2)以企业和公众为主体。企业是我国大多数农村经济发展的主体,过去农村政府包揽社会事务,管了许多不该管、管不好、管不了的事,使农村企业失去了活力,公民谈不上经济自主。市场经济条件下,公民都为纳税人,经济自主必然要求政治民主,公众的自主意识增强,主体地位真正得以确认。

(3)以提供公共服务为特征。农村政府按照"经济调节、市场监督、社会管理、公共服务"的职能要求,以提高公共管理质量和管理水平为目标,这就要求现今的农村政府工作内容必然做出巨大的调整。

(4)以提高公共管理质量和公共服务水平为目标。农村政府要全面正确履行政府职能,管理就是服务,当前农村政府的问题是正确履行经济调节职能,防止越位,防止干预企业、代替企业;正确履行市场监管职能,既防止越位又防止失位,既防止代替市场,又防止监管不到位;特别要注重社会管理和公共服务职能,注意防止失位。

(5)以发展为主题。建设农村"公共服务型政府"的根本目的,是促进我国农村经济社会协调发展,促进农村上层建筑与经济基础相适应,最终为广大农

民谋利益，建立农村"公共服务型政府"一定要以科学发展观为指导，以发展作为第一要务。

2. "公共服务型政府"与现代行政理念

（1）民主政府的理念。我国是社会主义民主国家，我国《宪法》明确规定"我国的一切权力属于人民"，政府受人民委托，行使公关管理的权力，因此我国政府的执政理念是"执政为民"，提倡"权为民所用、情为民所系、利为民所谋"的执政原则。

（2）法治政府的理念。法治的基本含义是，法律是公共行政管理的最高准则，"公共组织与私人之间最基本的差别在于法治，公共组织的存在是为了执行法律，他们存在的每一种因素——结构、职员、预算和目的，都是法律权威的产品"。法律面前，人人平等。

（3）透明政府的理念。建设透明政府，是实现政府职能转变的保证，是形成新的行政管理体制的关键。透明政府充分体现公民的知情权与参与权，要求政府重大决策和制定政策的过程和程序公开，及时披露与政策相关的必要信息，并引入公众参与机制。同时，政府所掌握的个人与公共信息要向社会公开，公民有权接触并使用这些信息，涉及个人隐私、商业秘密及国家安全法规定的不能公开的除外。

（4）责任政府的理念。任何管理存在责任问题，政府努力建设社会主义新型责任政府，当务之急是要尽快建立健全政府责任，包括政治责任、行政责任、法律责任和道义责任。

（5）高效政府的理念。在全球竞争日益激烈的今天，经济和社会的新一轮发展，需要一个更加高效的政府加以支撑，而高效政府的存在本身也证明了投资环境的先进性，高效政府是每一级政府的使命，不论是经济相对发达的地区，还是经济欠发达的地区都应该如此努力。各级政府应该改变过去的效率低下的行政方式，利用先进的管理方式和方法，提高行政效率，发挥地方优势。

3. 农村政府管理创新的基本内容

农村政府管理创新的基本内容由农村政府的职能、地区、人员等因素决定，农村政府管理创新，即建立农村"公共服务型政府"，基本内容包括：

（1）政治透明方面：①政务公开，即农村政府将政府掌握的信息包括行政事务运行、重大决策制定、财政资金使用等事项中不涉及机密的部分向公众公开，接受公众的监督和吸收公众的意见。②任前公示，即农村政府的主要领导在正式任命前，必须在规定时间内将拟任人选通过广播、张贴告示等形式将拟任人选的相关情况向公众公告，公众有权向其主管组织部门提出意见。③政府上网，即政府通过建立互联网上的网站，与公众进行交流，发布政务信息、自动化办公等。

（2）行政服务方面：①领导下访，即村长及其他部门负责人，定期到基层村屯的田间地头现场办公，实地了解农业生产和农民生活的状况，为农民解决实际问题。②治安联防，即民兵、联防队员、安保志愿者联合巡逻，预防和及时处理各种社会治安案件及其他突发事件。③全民教育，即开设各种适合农村生产和农民迫切需要的培训课程，并免费向农民开放学习。

（3）干部选拔和权力制约方面：①竞争上岗，即将领导岗位的需求信息公开发布，组织符合条件报名参选的人员进行考试，择优录取。②直接选举和公推公投，即一些农村的村长直接由选举产生。还有一些基层农村，对党组织书记的候选人采取党内选举和党外推荐相结合，党外人员也可以参与到书记的选举中来。③离任审计，即农村领导干部尤其是主管财政经济工作的领导，在即将离开原领导职务之前，由政府审计部门组织对其在任期间的财政事项进行审计。

（4）行政效率和廉洁自律方面：①简化办公流程，即农村政府应提高工作效率，缩短审批时间，减低行政成本，为公众提供"一站式"的方便快捷的行政办公服务。②强化行政责任，即实行岗位承诺制、工作责任制、领导干部包保责任制等各项责任制度，切实将行政责任落实到具体的人、具体的事，杜绝推诿扯皮现象。③特事特办制度，即对一些突发事件、应急事件等公共管理方面的紧急事务，农村政府打破正常的行政手续，及时处理。

（二）促进农村电子政务市场化建设的业务策略

农村电子政务作为农村信息化的组成部分，先行一步，将为农村信息化的全面发展铺平道路。然而，就农村电子政务本身而言，面临上述观念淡化、基础设施薄弱、资金缺乏、人才缺乏等问题。同时，还面临着服务信息不足、多部门重复建设、政务相应改革等问题。仅仅依靠国家进行自上而下的建设，抱着等、靠、要的思想，农村电子政务是无法快速开展的，需要有自己发展的分步策略。

1. 借助政务平台提供"一站式"服务，改变仅从政府管理角度的网上政务信息发布，主动适应农民、农业、农村发展需要，缩小城市和乡村的信息化差距，解决数字鸿沟问题

由于农村地区上网条件有限，农民不可能随时随地上网获取相关信息。基于无线联网的方式，利用通信网络使用户摆脱有线网络的束缚，结合实际，提供农产品和生产资料市场监测、质量监管、产品追溯、产权交易和公共资源市场化改革等网上业务的受理与办理；提供粮食主产区的植被物候变化、生态环境保护、气象监测预报、重大自然灾害防范预警和植物病虫害监测等网上专家智能服务；提供农产品期货、现货市场行情信息。定期发布有关农业方面的信息、政策发送到农民手机中，使农民享受到便捷的政务服务。将农资相关政务业务落实到乡村

基层，发挥农村电子政务在经济结构调整和农民增收中的作用。

社会保障业务。关注农村医疗保险等公共事务，推进城乡一体化的社会保障信息服务体系。包括：扩大新型农村合作医疗管理和服务信息系统覆盖范围，在经济发展水平较高、医疗资源相对有保障的地区，建立面向乡镇卫生院、村卫生站的远程医学教育和远程会诊系统；在地方病集中的地区建立农民数字健康档案及面向农村疫情和突发公共卫生事件的疫情控制业务系统；建立全面覆盖农村的养老保险、最低生活保障、减灾救灾、社会赈济等的农村社会保障体系。

2. 在管理、经济、文化共建的总体框架下，从农业技术信息、招商引资、生态旅游宣传等经济服务上着手，尽快让农民接触信息化，并从中得到实惠

（1）引导涉农主体信息化生产生活方面：通过市场资金的融入，在农村地区建立电子政务学习站点，帮助村民学习互联网技术，并大力发展地方在线内容，使得更多的村民懂得并且会运用互联网，确保我国农村地区的居民能够及时获取信息，提高信息的使用效率。

IT企业以及涉农企业等多元主体的注入。首先，IT企业，如中国移动、中国电信、中国网通等运营商中的信息技术人才可以向涉农主体传授相关网络知识，提高涉农主体对电子产品的认知度。其次，涉农企业可以为农村带来农业技术型人才，通过政府主导以及专业技术人员的带领，建立农村信息员队伍。最后，政府通过政策鼓励，与大中专农业院校和科研所签订培养方案，让毕业后的大学生和优秀的农技人员投身到农村工作，不仅为农民合作社提高了整体服务水平，还为毕业生找到了一个自身发展的平台。通过市场化机制的引入，加强农村电子政务的基础设施建设，同时也为农村提供专业型人才，增强农民的信息意识，提高农民使用政务平台的能力，为农村地区带来诸多专业性人才，引导他们利用政务平台获取各类信息。

（2）将一些示范村和体验中心作为入手点，积极推进信息网、"村村通"等信息工程的建设步伐，以广电网络、电话网络和互联网为基础，利用市场模式加快电子政务平台的建设步伐，在农村构建完善的信息体系，为农民提供全面、便捷的信息服务。第一，在政务平台中添加法规、政策等信息。一些法规、制度与农民有着紧密的联系，可在政务平台中发布这类信息。农民在平台中不仅可以获取农业生产信息，还可及时了解与自身有关的政策、制度。此外，各级政府还可将政务内容投放到平台中，农民可对政府的工作进行有效监督。第二，及时公布公共信息资源，满足不同主体需求。这些信息资源包括网络地图、办事指南、网络图书馆等，结合本地实际，吸引企业投资，调动社会各界的力量共同建立农业信息平台，使农民的多元化需求得到有效满足。

提高政府能力方面：

1）多渠道收集信息。使用一些网络工具与宣传部、科技部等部门建立合作关系，为当地农民提供各类信息，使信息资源得到有效利用。多个部门加强合作，能够增加信息的供应量，最大限度地满足农民的信息需求。各地的信息员及时收集和整理基层信息，了解农业生产和农产品价格的变化情况，做好信息分析工作，剔除不良信息和虚假信息，为农民提供有针对性的信息。与涉农部门建立合作关系，将农产品质量标准、农业技术、政策制度等信息整合到数据库中，利用多种方式及时获取信息，提高信息的实效性。

2）构建一支专业化的信息员队伍。为使信息平台发挥有效的作用，必须安排专业的信息人员，不断扩大组织网络的覆盖范围，使各地的服务中心发挥有效作用，将示范户、农村企业、农民经纪人、村干部等结合在一起，在各个信息中心配备专职人员，及时收集和整理有关农业生产、农产品价格的信息，为农业生产活动的开展提供依据和参考。建立信息员队伍，将各类主体联系起来，为信息员提供专业的培训，获得资格认证后才能上岗，这样才能提高农村的信息化水平。

3）提高农业信息服务水平。基层政府对电子政务平台的建设投入了较多的关注，农村信息基础设施建设步伐不断加快，为政务平台的搭建创造了良好的条件。为使政府信息得到有效利用，在建立政务平台时必须调动社会各界的参与积极性，使各项资源得到有效利用，为工作的开展提供人才保障，不断提高农村信息应用水平。

3. 对信息进行更深层次的加工，预测市场行情，发布农产品市场供求情况和趋势分析信息，如良种、种苗、农药、肥料、饲料等农资产品及市场信息，加强对农民的引导，将现代科技与农业相结合，增强农业综合生产建设能力

在提供公共服务的过程中增进公众的满意度涉及产出或结果与工作目标的关系，要求政府不是为产出而产出，而应当有益于政府目标与基本价值的实现，促进社会公平、正义与和谐。涉农信息在农村电子政务建设中发挥着至关重要的作用，随着信息技术的不断发展，涉农网站数量不断增长，但是涉农网络信息资源对农民网民的适用性却不容乐观，网络涉农信息的内容及形式不能满足农村网民的切实需求。提供与其生产生活息息相关的农产品市场、农业科技等实际信息服务：

（1）发布农业市场各类信息，建立政务平台的目的是及时发布各类信息，首先开辟信息收集渠道，增加信息来源，对于主要的农产品，如棉花、小麦等农产品信息监测，及时了解农业生产资料和农产品的变化情况。政府在建立电子政务时要及时转变服务理念，调整服务职能，利用多条渠道发布农业信息。

（2）充分实现资源共享，在市场经济条件下，调动社会力量，政府与企业

联手促进农业信息化建设。将企业和政府结合在一起，促使彼此发挥自身的优势，在这方面取得显著成效的有中国移动、中国联通，它们都利用自身的资源优势和技术优势建立了农业信息服务平台。这些公司在建立服务平台后，利用网络、手机等设备传递信息，农业部门利用信息平台为农民提供信息指导和帮助。

（3）进一步提高农村信息化水平，将农村电子政务建设作为一项重要工作，整合社会资源，为用户提供多元化的服务，包括专题服务、动态服务、专栏服务等，这样才能满足各类使用者的信息需求，改善服务水平，利用该平台满足公众的信息需求，加快服务型政府的建设步伐，增进公众的满意度。

4. 在经济服务取得一定效果后，满足农村社会发展需要和农民需求，开展电子化公共服务，再开展政治服务、文化服务方面的农村电子政务建设

电子政务具有公益性强、社会效益突出的特点，通过一定的信息化手段将公共服务项目传递给公众并使公众在服务的过程中感受到便捷感和满足感。满足公众需求的农村电子化公共服务广度结构主要体现在服务方式、服务内容和服务功能三个方面：

（1）对服务方式需求的满足。公众群体由于信息化技能、环境差异和行为习惯等因素的影响往往对电子化公共服务的方式有各自的偏好，表现为对服务方式需求的差异性。目前，政府电子化公共服务的实现方式有政府门户网站、"一站式"服务系统、政府呼叫中心、公共信息终端、移动电子政务、广播电视网络等，不同的公众群体的需求可以采用不同的方式组合满足。农村电子政务服务平台直接面对的是广大农村用户，其设计一定要体现便民性，在线办事主要是服务于两大主体，一是农民个人，二是企业。面向农民个人的主要是为其提供问题咨询、办事受理等服务。在明确政府职责的基础上，完善办事流程。

（2）对服务内容需求的满足。服务内容需求指的是公众希望政府提供什么类型的电子化公共服务，这类需求通常是公众希望通过服务获得的核心利益，也是公众寻求政府公共服务最重要的原因，即服务的"技术质量"。目前，信息类服务、业务类服务、沟通类服务这三大政府电子化公共服务的类型也是针对公众的信息需求、业务需求、沟通需求提出来的。对超出政府业务范围的农民个体需求，如农产品交易、宅基地申报、纠纷投诉等，通过网络链接，推荐有资质的社会力量，直接面向农村进行业务办理。服务于个人的按照信息的不同分类包括天气预报、交通信息、医疗卫生、学校教育等一系列与农民生活息息相关的内容。面向企业的服务主要是为一些个体、民营企业或者个体户提供办事咨询、受理服务。社会或者商业组织是信息服务的业务主体，政府仅扮演组织推动和监督管理者的角色，将政府推动、引导和市场机制有机结合，作为农村政务业务的延伸。

（3）对服务功能需求的满足。公众对服务功能的需求，是指公众希望通过

服务过程能够体验到满足感，即服务的"功能质量"。政府电子化公共服务的质量是一种感知质量，目前国际上对服务功能质量的衡量主要参照 SERVQUAL 量表，主要考察服务的有形性、可靠性、响应性、保证性和移情性五类指标。此外，拓展业务参与的途径和渠道。从政府角度改变为农民提供业务的不合理过程，实现农业部门和乡镇基层政府电子政务平台从协同办公平台向集约化和"一站式"变革，网上完成公文传输签办，行政审批、目的督办、信息交流、任务协作等，继而实现政务流程再造，集成信息、功能、部门和任务流程，提高业务沟通能力和办理效率。沟通环节上，在网站或网页中设置 BBS、社区论坛或留言板，在网页设置基层政府的公共邮箱、公开政府主要领导电子信箱地址，便于农民参与。

第六章 面向需求的农村电子政务市场化建设风险——寻租分析

农村电子政务市场化建设必然是通过某一种形式由承包商和政府部门进行双向操作,政府对于选择何种外包模式需要考虑。但由于政府出于信息劣势,无法有效判断哪种模式更有利于政府选择,有利于公众享受更好的电子政务的效益,同时又能建立与承包商的长期合作,达成双赢,最后可能会因评估不准确、机会主义等因素导致选择不合理的承包商或商誉不良,产生风险。

第一节 农村电子政务市场化建设外包风险及成因

风险是源于某一个事件或某一行动的不确定性,以及由此对组织所造成的负面影响,对于政府部门来说,电子政务不但耗资巨大,而且为应对政府部门调整、政府职能转换、市民需求变化以及 IT 技术发展等诸多无法预知的因素,电子政务建设始终处于不断的变化之中,增加了政府在电子政务建设方面决策失误的概率,也增加了政府在电子政务投入方面重复浪费的风险。因此,在电子政务建设中,外包就成为一个必然和合理的选择。而随着电子政务外包的发展,其蕴含的风险也开始逐渐显露出来。

一、农村电子政务市场化建设外包风险的内涵

农村电子政务外包风险是指由电子政务的外包导致发生的政府行政能力和效率的非预期结果以及由此产生的损害的可能性。其基本含义:电子政务外包风险是一种客观存在;电子政务外包风险的大小取决于实际结果与预期目标之间的差异。

从世界范围看,电子政务外包曾经历过从侧重于成本控制和技术专业化,到

因为一些不成功的项目而不得不考虑风险和应对风险的措施及其成本的过程。随着我国农村政务信息化建设的深入，农村政务信息系统的规模不断扩大、复杂程度日益提高，农村基础业务更加依赖于政务信息系统。然而，由于人力、财力等因素的制约，信息系统发生故障的情况很难避免，所造成的损失也越来越大，对电子政务建设形成严峻的挑战。提高技术保障能力，尽可能满足政务业务工作的需要，已成为农村首要考虑的问题。当前，解决这一问题的优先选择方案是服务外包，即在政务信息系统建设前期的规划、咨询、项目实施以及建设完成后的运营和维护的过程中，把专业性较高且非保密的日常事务性工作委托给专业服务商完成。实践表明，服务外包是提高保障能力和服务质量、降低服务成本的有效途径。但是，由于政务信息系统的重要性和政务数据的敏感性、保密性，在普遍推行服务外包模式的大背景下，电子政务在实施过程中面临风险。

通过政府管理上的创新，把电子政务交还于市场，使电子政务服务外包成为电子政务市场化的重要手段，使其在互动互通过程中逐步完善。电子政务服务外包已成为电子政务制定最优投资规模，提高效率和效益，降低行政成本中不可逆转的趋势。电子政务服务同第三方合作，可以弥补政府专业素质的不足，又可以充分发挥其中立性、专业性的特点，形成风险共担、利益共赢机制。政府通过采用第三方这种监督机制，提高工程质量，分散电子政务建设的巨大外包风险。从电子政务服务外包的范围看，政府内部所有"可管理的服务"都可以外包出去，还可以根据不同政府部门的实际情况，采用统一规划与分散外包相结合等多种灵活有效的方式。

二、农村电子政务市场化建设风险种类

地方政府在选择农村电子政务项目市场化建设时，需要考虑到政府的成本预算与后期收益、潜在承包商的资金状况与经营能力等因素，实现市场化建设模式的最优经济效益。结合农村电子政务市场建设的多种模式，可以总结为以下可能的风险：

（一）电子政务外包动力不足

地方政府由于其自身特点，对成本不十分关注，与企业从降低成本的需要出发采取外包的服务模式大不相同，因此政府IT外包的动力相比企业来说普遍不足。为了解决能力、成本与业务需求之间的矛盾，政府部门往往采用扩编人员的方式不断膨胀其IT部门，多为事业编制的信息中心，而不优先考虑采用外包的方式。尽管随着政府信息化建设的深入，越来越多的行政工作由手工处理纸质资料的模式转变为以计算机和网络为主要工具及载体的现代化方式，这些事务的本质属性并没有发生变化，不过是工作介质、手段的更新罢了。因此，并不是说可

以将所有的政务都进行外包，哪些业务可以外包以及外包到什么程度都需要认真研究。

（二）IT方面管理和规划能力不够

随着电子政务的建设，政府机关的信息化水平快速提高。但是，政府在IT方面管理和规划能力不够成熟，管理经验与能力仍然比较欠缺，对项目成本、范围等关键要素缺乏控制力以及监督管理。同时政府缺乏规划和需求分析能力，不能对电子政务系统发展起到预见性作用并采取相应的措施，直接阻碍IT外包策略的选择。

（三）IT外包合同中的政府执行能力比较缺乏

外包合同是IT外包的关键所在，围绕合同的拟订、实施和控制，是外包执行的精华所在。合同向来被当作商业秘密，外包合同相当重要，而政府却总是因为自己作为经济社会的管理者拥有天然的优势地位，而最容易忽视这个最基本的商业规则要素，不重视合同的谈判和签订，合同中条款拟订粗糙。这样很容易在日后的执行中造成被动，也会为日后的知识产权、服务质量等问题埋下隐患。另外，在外包执行阶段，政府也缺乏对IT服务商进行必要的管理和监督，与外包主体之间缺乏沟通，政府、承包商监督管理一方之间也缺乏有效的沟通及协调，包括合同不完善，使后期合作难以继续等。

（四）外包服务商的选择

当前的电子政务建设缺乏统一的标准，缺乏统一规划、统一平台上应用的整体解决方案。信息技术外包的委托方和承包方之间存在的委托代理关系，由于信息的不对称，会产生承包商的"逆向选择"风险和"道德风险"。在选择外包服务商时，无法对其进行全面、详细的评估，无法全面考评其综合服务水平，这样会导致后期服务过程中政府部门处于被动，无法获取及时优质的服务。另外，IT企业生命周期通常较短，政府部门把电子政务项目外包给某IT企业，可能不久以后该IT企业会破产或注销，导致后续运行维护工作难以开展。

（五）内部学习和创新能力的削弱

信息技术的外包有可能削弱内部信息技术部门的学习能力和创新能力。随着外包的深入开展和合作时间的推移，政府部门对外包服务商的依赖越来越强，最终导致完全依赖于后者，政府部门的技术人员仅仅作为"传声筒"，尤其是需求发生变更时常常又可能受制于外包服务商。如此则降低IT建设的灵活性，自身人员技术水平也降低，失去掌控IT系统的主动权。同时，也给IT系统安全带来隐患。

（六）电子政务外包市场不成熟

电子政务项目采用"外包"等形式由企业开发建设，政府只是作为使用单位进行监督管理。我国目前的绝大部分仍然采用"自建模式",这反映出电子政务建设市场还不够完善,决策不合理,缺乏规范性、执行力的法律大环境,没有统一、可操作的行业标准。电子政务服务外包市场可选择的合格承包方太少,电子政务的项目外包还未成为政府信息化的主要方式。由于对外包模式的不确定选择,在指定相应的绩效时,会因为绩效评量体系不合实际等因素导致绩效控制效果达不到效果。

三、农村电子政务市场化建设风险的成因

无论哪种方式,政府采取服务外包的目的都可以降低成本,使自身专注于核心项目建设。但项目一旦外包出去,相应负面效应也时时刻刻存在。政府在电子政务服务外包建设中可以得到可观的经济收益,但同时减少了监控效应,外包机构会争取其利润最大化,以加速其成本回收及利润获取,其行为结果与促进社会经济发展的目标相违背。

（一）政府寻租行为

推行电子政务等公共服务的外包,实行合同化管理是电子政务市场化的一个重要举措,主要是采取"政府出钱、购置服务、合同管理、农民认可、考核兑现"的一个管理方法。

目前,在农村尚未形成完备的竞争性专业技术市场供政府选择,政府不得不面对几乎是垄断的专业技术服务市场。各乡镇对电子政务的项目时仅有一个服务主体,缺乏有效竞争。合同中标的多是熟悉当地情况、从原来的站所转制而来的各类中介服务机构,这使得农村电子政务的服务性与经营性服务表面上得以区分,在暗地里又结合在一起。对于追求利润最大化为天性的"经济人"来说,往往容易在此类公共利益与私人利益的抉择问题上出现倾斜,甚至让经营方暗地操纵和支配电子政务的公益服务。如此合同招标就会流于形式,演变为市场化过程中的走程序,难以发挥其真正作用。由于政府官员容易利用所掌握的权利谋求个人利益,因此在电子政务市场建设的过程中,很容易与某些第三方企业达成相关共识,通过在供应分配要素时私下收取各种贿赂,双方共同划分"租",滋生政府的寻租行为。

（二）政府角色缺位

在电子政务的外包模式中,政府角色定位主要包括控制、服务、监督、评估等方面,因此,政府在将电子政务系统外包给承包商后,政府还需要继续执行相应的职能。但是,农村政府部门由于自身素质水平不足够对电子政务进行管理,他们可能不知道硬件和软件的概念及内容,更不用说对电子政务进行科学的规划和统筹安排了,因此很容易出现"外包就是彻底不管"的观念,也将会导致政

府角色缺位。一方面缺乏对电子政务的监督与管理，另一方面没有明确的绩效评价机制，使得在建设和运营过程中出现问题不能及时发现，一旦遇到问题也会临时告知承包商或者相关的设备生产厂商进行整治和维护。这样一来，电子政务运营和维护就会面临很多不确定障碍。BOO 模式需要政府支付费用提供需求，对承包商的技术要求相对很高，因此需要政府与承包商一对一的接应，承包商足以承包电子政务建设的整个过程。但如果政府需要多加服务商的运维人员保障项目运维，管理和协调的难度增大，项目内部本身存在的矛盾问题更增加了运维和协调工作的难度。

（三）公共精神缺失的风险

农村电子政务市场化通过引入竞争机制，选择在争夺电子政务提供者上的获胜者提供相关服务，这种选择的结果是降低成本并提高电子政务建设质量，实现市场对自愿的优化配置。但市场化自身的特点使得其也有失灵的时候，市场无法保证公平的实现。在盈利最大化的指引下，它会自觉按照市场竞争法则去选择有利于其活力的服务项目，对于那些不能很好获利但又不能不提供的服务，可能会消极供给。那些依靠自身能力难以从市场获取或难以承受其服务成本的，市场化途径并不能保证这部分弱势群体公平权益的实现，导致在电子政务高度市场化下公共责任与公共精神的缺失。

政府通过市场化方式将电子政务提供的公共物品和服务的只能委托给第三方机构之后，它自然成为第三方机构必须履行的一项义务和社会责任，以实现公益性服务的可获得性，而仅凭市场机制的调节则很难保证这一目标的实现。

（四）低估合同外包的交易成本风险

在农村电子政务建设的传统供给过程中，政府既是购买者又是生产者，不仅承担电子政务的代理购买人，又负责提供这些服务。作为前者，政府必须反映农民的需求，作为后者，政府又必须维护自身利益的最大化。这两个角色的天然矛盾性，使政府长期限于两难境地，最终导致效率低下。市场化建设中的合同外包利用多个第三方组织的竞争力，降低单一供给的依赖度，从而提高供给效率。但合同外包本身就包含了一定的交易成本。在长期契约关系中，主要包括以下交易成本：甄选承包商的成本，在选择前需要考察多个承包商的服务能力、信用情况、财务状况、管理水平等方面；监督成本，监督是必备的环节，同时也是政府重要的职责，农村公共服务是兼具公益性和经营性双重属性的，其专业化和复杂性的特点使得监督难度大，成本高；机会成本，政府在选择电子政务市场化项目方案的决策中由于认识和论证不够或者信息不足误导等原因，可能会选择非利益最大化的方案，导致机会成本的大量损失。因此，交易成本的存在需要我们在选择电子政务供给方式时对其评估并与其他方式作对比，从而选择最优，而这点容易在市场化过程中被低估甚至忽略。

第二节 寻租风险源

上述农村电子政务市场化建设风险中，外包过程中权力寻租较为普遍。本书重点界定农村电子政务市场化建设中的"寻租"风险。寻租是农村电子政务市场化建设中的一种"负和博弈"，对农村生产生活来说，利抵不过弊，它不仅使得资源产生非生产性的损失，而且扭曲政府的资源配置。除了参与农村电子政务市场化建设项目的涉农政府主管部门与电子政务项目设计开发商可以得到自己的利益，其对于农业农村生产活动没有任何好处，并且会造成很大的负面影响。从各个利益代表方的角度出发，剖析农村电子政务市场化建设中电子政务建设项目外包过程中的寻租风险理论与博弈。

一、寻租风险产生——委托代理中的利益链

委托代理关系是一种契约关系，政府中负责电子政务项目建设的涉农政府主管部门与电子政务项目设计开发商在农村电子政务项目建设外包的过程中，通过契约规定委托人与代理人的责、权、利界限，以及某种利润关系。

农村电子政务市场化建设中，每个部门的利益之间是不相同的，政府的利益不同于涉农政府经管机构的利益，涉农政府经管机构的利益也不同于该机构中的职员。在涉农政府经管机构中，每个职员为了自身的更好生活和前途，基于该部门权利的特殊性，该部门中的职员也许会有"权力寻租"的想法。因此，在农村电子政务市场化建设过程中，市场化建设外包关系的形成与外包中委托代理关系利益链的产生，加之公共权力的介入，就有可能产生"寻租"风险。寻租对农村农业经济的影响日益增大，尤其在政府加大对农村电子政务的投资后，在创建中随时会发生的"寻租"风险理应引起关注。

政府在公共政策制定过程中肯定会估计自身的利益，基于此，某些政策可能直接服务于政府而放弃了广大群众利益，政府只要有权利，就有可能发生腐败现象。在当下社会，将国家职工视为"经济人"，政府中负责电子政务项目的涉农政府主管部门及其公职人员在对农村电子政务项目建设外包资源分配时有可能为了扩大自身的利益而与公平公正的原则站在对立面，很多"经济人"的政府中负责电子政务项目的涉农政府主管部门及其公职人员会充分利用自己手中的权力向社会进行"诱租"。只要政府对经济有所干涉，那么就有可能产生寻租行为，

伴随而来的还有寻租风险。众所周知,政府要对农村电子政务进行市场化创办,而创办的权利集中在政府手中,这意味着农村电子政务被原来的政府主导建设向以市场主导建设过渡的过程中,政府不能立刻退出农村电子政务市场化建设的活动,政府对农村电子政务建设项目的外包干预为其寻租创造了前提和基础。

在农村电子政务建设项目外包的途中,涉及电子政务项目第一承担人、监理方、涉农政府经管机构三方面的利益。监理方站在公众利益的一方,所有的决策和行为都应以维护群众利益为目标,扩大群众利益。而从另一个角度看,监理方也与"经济人"的假设有极大的关联,他们在维护公众利益时也会考虑到自身的利益。如果电子政务项目第一承担人、监理方、涉农政府经管机构能够接受寻租带来的风险,那么他们就会为扩大自己的利益而做出"寻租行为",寻租风险也由此而生。所以,电子政务项目第一承担人、监理方、涉农政府经管机构通常会为了扩大自身利益而决定博弈,该博弈被称为三方博弈。

在农村电子政务项目建设外包的过程中存在利益结构,根据"理性经纪人"的假设,政府中负责电子政务项目建设的涉农政府主管部门和电子政务项目设计开发商都为了追求各自利益的最大化而选择彼此。委托人——政府中负责电子政务项目建设的涉农政府主管部门授权电子政务项目设计开发商进行农村电子政务系统的建设。由于理性经纪人的驱使,电子政务项目设计开发商在进行电子政务项目建设时,往往会以自己的利益为导向,从而导致政府中负责电子政务项目建设的涉农政府主管部门和电子政务项目设计开发商之间在追求目标和自身利益上形成差别,在电子政务项目建设外包的过程中形成委托代理关系的利益链,进而形成"寻租"风险。

二、风险源的形成

农村电子政务市场化建设过程中,政府中负责电子政务项目建设的涉农政府主管部门需要将电子政务项目的建设任务外包给电子政务项目设计开发商,在建设任务外包过程的每一个环节都有可能产生"寻租"风险。

(一)需求确定环节

农村电子政务项目建设外包前,政府中负责电子政务项目建设的涉农政府主管部门会制定电子政务项目建设的需求信息,在电子政务项目设计开发商得知政府中负责电子政务项目建设主管部门的项目建设外包的需求信息后,可能向政府中负责电子政务项目建设的涉农政府主管部门或负责项目的公职人员提供经济利益,比如赠送礼品礼金、折价商品、外出考察等,使政府中负责电子政务项目建设的涉农政府主管部门在确定电子政务项目建设外包的需求时,带有明显的倾向性和排他性,并制定电子政务项目建设外包的开发商让其承担建设任务。同时,政府中负责电子政务项目建设的涉农政府主管部门在委托电子政务项目设计开发商承建电子政务项目建设任务时，会要求电子政务项目设计开发商编织出带有排他性需求的招标文件，最终让其在电子政务项目建设的需求确定环节取得中标承建电子政务建设项目的目的。

（二）评标定标环节

在农村电子政务项目建设需求确定后，政府中负责电子政务项目建设的涉农政府主管部门需要运用招标投标的方式确定其电子政务项目的建设委托给哪家电子政务设计开发商。这时，政府中负责电子政务项目建设的涉农政府主管部门会聘请相关专家对电子政务项目设计开发商进行评估，确定其是否符合设计开发电子政务项目的标准。电子政务项目设计开发商利用政府中负责电子政务项目建设的涉农政府部门选取专业评估专家的空闲时间或者拉取其他的社会关系，在该项目的创办评价前和社会各界人士打通关系以影响打分结果。电子政务项目的第一承担人利用"公关"手段如送礼、拉关系等要求专家在为该项目打分时能够高一点，让自己有资格成为电子政务项目建设任务承包商的资格。

（三）信息发布环节

按照政务公开的规定，农村电子政务建设项目外包前要在指定的媒体公开发布，向公众征集意见建议，如果政府中负责电子政务项目建设的涉农政府主管部门内部监控制度不健全，电子政务项目设计开发商就会乘虚而入，在农村电子政务项目建设外包信息发布前，向政府中负责电子政务项目建设的涉农政府主管部门或公职人员提供经济利益，让其在发布信息时具有偏向性，使得涉农政府经管机构不公开有关电子政务的相关事务或者临时发布消息，仅仅传达与本机构有千丝万缕关系的电子政务项目设计开发商参与投标活动。

（四）委托代理环节

在农村电子政务项目建设外包的委托代理环节，政府中负责电子政务项目建设的涉农政府主管部门会选择某种策略保证其利益，增加政府收入。假设作为拥有寻租权利的电子政务项目建设的涉农政府经管机构、寻租公司电子政务项目有不寻租、寻租两种方案作为备选。并把这种模式看作一次极其清楚明白的静态博弈，那么它们之间的密切关系则可以用表 6-1 表示。

表 6-1　政府中负责电子政务项目建设的主管部门与电子政务项目设计开发商得益矩阵

		电子政务项目设计开发商	
		寻租	不寻租
涉农政府主管部门	寻租	(100, 100)	(100, 0)
	不寻租	(60, 20)	(60, 60)

在表 6-1 的合作型"创租—寻租"静态博弈中,政府中负责电子政务项目建设的涉农政府经管机构有两种方案可以抉择——寻租和不寻租。一般来说,假设该机构做出了寻租行为,那么会获得 100 单位的利益,如果该机构做出了不寻租行为,那么会获得 60 单位的利益。同样,投资人面对电子政务项目的时候也存在着寻租和不寻租两种方案,该投资人如果想要获得大量利润一般依靠相关政府部门职员所采取的实行方案。当政府中负责电子政务项目建设的涉农政府主管部门及其公职人员选择寻租策略时,寻租方电子政务项目设计开发商做出寻租的行为,那么会获得 100 单位的利益,如果他们做出了不寻租行为,那么会获得 0 单位的利益;但由政府中负责电子政务项目建设的涉农政府经管机构中的职员做出不寻租行为的时候,则该项目的第一承担者做出寻租的行为,那么会获得 20 单位的利益,如果他们做出了不寻租行为,那么会获得 60 单位的利益。综上所述,两种方案是政府中负责电子政务项目建设的涉农政府主管部门及其公职人员与寻租方电子政务项目设计开发商所形成的合作博弈的纳什均衡,即双方都会进行最优选择以使各自利益最大化。

(五)履约验收环节

电子政务项目设计开发商与政府中负责电子政务项目的涉农政府主管部门在合同履约过程中,或政府中负责电子政务项目的涉农政府主管部门验收电子政务项目建设任务完成情况时,电子政务项目设计开发商向政府中负责电子政务项目的涉农政府主管部门及其公职人员行贿,以时间紧、周期长、专业性强等各种理由,让电子政务项目的主管部门不顾工程质量草草验收项目,或者出现以次充好、降低配置、降低服务的行为,导致在电子政务项目建设外包的履约验收环节出现"寻租"风险。

三、"寻租"风险可能导致的后果

从公共选择理论的角度看,政府中负责电子政务项目的涉农政府主管部门及其公职人员的权力寻租实际上是一种"经济活动"。一方面政府中负责电子政务项目的涉农政府主管部门利用手中掌握的特权进行设租,另一方面电子政务项目设计开发商向政府中负责电子政务项目的涉农政府主管部门及其公职人员进行寻租,以寻求电子政务项目建设外包任务的活动。政府中负责电子政务项目的涉农政府主管部门设租的方式是通过故意在某个环节中制造困难而迫使其他人不得不上交租金;电子政务项目设计开发商则利用相对合法或非法的手段向政府中负责电子政务项目的涉农政府主管部门及其公职人员提供经济利益,与其合谋获得电子政务项目建设的任务。由此可见,农村电子政务市场化建设过程中,将农村电子政务项目的建设任务外包的过程中出现的寻租活动从本质上说是关于权力和金钱来往的营谋，寻租的过程是钱—权—前，设租的过程是权—前。在当下的社会中，大力发展农村电子政务，为农村农业发展提供强有力的保障，需要引入市场化的机制建设农村电子政务系统，但农村电子政务市场化建设中"寻租"风险可能导致的后果，对农村农业生产力的危害以及其产生的负效应是巨大的。

（一）经济方面

如果个体进行创新活动对社会产生了良好的影响时会获得政府的某方面奖励，这种措施会间接地推动国家经济增长。农村电子政务市场化建设过程中的"寻租"风险不仅引发了高昂的垄断和管制成本，损害了政府运行的效率和公正性，且导致农村电子政务市场化建设中资源配置的扭曲，并且阻碍了农村电子政务市场化进程的推进。农村经济组织缺乏效率，这必然对经济有一定的危害。

1. 导致资源配置的扭曲

寻租活动是一个"负和博弈"。第一，电子政务项目设计开发商为了获得电子政务项目建设任务的特殊权利或者契约，那么他们要用许多时间和各个机构进行沟通，必要时，会产生送礼的行为和金钱的交易；第二，政府中负责农村电子政务建设项目的涉农政府经管机构和职员为了使自身获得最多的利益，他们通常会提高寻租者需要拨出的金钱，而且，为了让自己的行为不被发现，他们也要花费大量的时间及资源；第三，政府中负责农村电子政务建设项目的涉农政府经管机构和其职员通常在与寻租者周旋中花费许多资源、时间。这样在无形中造成了资源的浪费。

在既定的制度结构下，政府中负责农村电子政务项目建设的涉农政府主管部门将极少数的资源分配给为其提供租金最多的承包商，承包商在获得稀有信息后，将资源垄断，而原本稀缺的资源没有被放在合适的位置，就会造成浪费。而拿到该资源的公司对所生产出的产品一般不会进行积极改造，反而会依照原先的生产途径，更加造成了资源的浪费。同时，寻租行为在政府中负责电子政务项目的涉农政府经管机构流行时，政府相关部门为了制止该行为的出现也花费了许多时间、精力、代价，对国家经济的发展造成了消极的影响，也对农村农业生产力造成了很大的危害，进而引发收入分配不公，引起新的社会矛盾和冲突。

2. 引发高昂的垄断和管制成本

农村电子政务项目设计开发商获得优惠的差别待遇本身就是一种寻租，这种差别待遇对于设租者而言就是他的预期利润。寻租者为了获得差别待遇而对设租者进行长期供给，站在社会成本层面看，获得特殊权利的寻租行为只会浪费社会资源而不会给国家带来利益。政府中负责农村电子政务建设项目的涉农政府主管部门为寻租而实行管制，在寻租的社会成本提高时，资源价格在竞争中其价格会发生变化。一般来说，其所获得的利润会有所增加，同时，价格超过一般水平线的概率也会有所增加。在竞争性价格的影响下，群众对这种资源的需求量会降低，而投资商为了提高自身利润而产生的寻租行为，其所付出的社会成本会越高。以此类推，当群众不需要改资源时，投资商为寻租行为所付出的社会成本往往是最高的。

3. 对政府运作的效果、公平性造成不良的影响

寻租的根本属性是政府机构滥用职权从而对影响整个过程的运作造成不公平的竞争现象。政府的公共权力来源于广大群众，而某些职员为了自己或者其他集团机构的利益作出寻租行为，歪曲政府下达的相关指令，从而对群众利益产生了直接的损害。满足政府机构职员行使寻租行为的条件之一便是获得国家授予的公共权力，寻租行为盛行时可直接歪曲国家下达的实施方案，其不合法的行为不仅对国家的形象有所伤害，也让公众利益造成损害。国家官员做出寻租行为时往往造成额外的公共支出，但其负责的项目的品质却明显不好；国家官员为获取租金往往会对申请该项目投资商做出慢处理和快处理的行为，这种现象的产生使该机构的运行速度极大受损。当下，社会各个层面都弥漫着寻租行为，假设政府不加以调控，会对国家经济的发展带来极大的不良影响。

4. 阻碍农村电子政务市场化进程的推进

高效率的经济发展依赖于市场竞争，农村电子政务进行市场化建设，需要那些能够提供精准的电子政务系统的公司通过各方面的考察，不具备竞争能力的公司就会被刷下去。如果市场中存在着寻租行为，那么结果会大大不同，其公正性会受到严重破坏。公司采取寻租行为的根本目的是通过生产方式以外的其他方式使产权的分配失衡，而这直接使农村电子政务市场化建设的委托代理关系中权责关系的混乱。像农村电子政务项目设计开发商这样的既得利益企业，利用计划经济和市场经济相互对峙的情况，乘机获得金钱，基于此，该开发商不希望改善农村电子政务，并且其会因为"租"的存在，在项目中预制某些"控件"，以便保持项目的所谓"持续性"。所以，农村电子政务项目设计开发商的寻租行为就表现出了强烈的路径依赖，电子政务项目设计开发商不希望将市场竞争体制引入农村电子政务建设中。同时，寻租者财产的增添使得他们在社会中的地位越来越高，在这种情况下，他们会有阻碍农村电子政务市场化建设的强大动机，这种想法不是阻挠农村电子政务市场化建设，就是极力把农村电子政务市场化建设引向为他们服务的方向，致使电子政务项目建设质量不断下降，最终使农村电子政务市场化建设的发展进入停滞状态。

（二）社会方面

布坎南通过对寻租活动的分析，提出其可分为三个层次。主体在实施寻租行为前会有各式各样的护租及寻租的行为，在实施寻租行为后也会有各式各样的护

租及寻租的行为，所以，寻租势必会给社会资源带来极大的损害。通过分析发现，农村电子政务市场化建设中"寻租"风险可能导致的社会方面的后果主要集中在以下几个方面：

1. 损害政府形象，降低政府声誉和公信力

农村电子政务市场化建设过程中将电子政务建设项目外包是由具体的公职人员执行的，因此，政府中负责电子政务项目的涉农政府主管机构的职员会受到寻租者的各种诱惑，一旦被寻租者成功诱惑，则会利用相关职权谋取不合法的利益。由于农村电子政务市场化建设的委托代理链相当庞大，机构中一旦某个职员产生腐败行为，长期发展下去会形成整个机构参与腐败行为的现象。正如前文所述，一旦该机构中的某些职员做出了设租行为，为了继续得到额外的利益，该职工则要求上司为其进行掩护，做出了再寻租行为。长期下去，整个农村电子政务市场化建设的委托代理链形成了腐败风气。显而易见，这对党风的清廉度产生了不良影响，对社会风气带来了严重的后果，甚至造成群众社会价值观的扭曲，直接影响了党在群众面前的形象，其信誉在群众面前也会有所降低，对整个政府的信誉和公信力都会造成严重的影响后果，这个代价是巨大的。

2. 恶化农村地区间的竞争，造成国家利益的损害

企业间的竞争模式也是用于各政府间的竞争，政府竞争的目标如果是双赢，则会提高机构的运行速度，各机构也不会轻易浪费政策性资源。基于此，农村电子政务市场化建设的进程会得到大幅度的提升。但是，隐藏在政府竞争背后的寻租行为直接对各政府间的角逐造成了不良影响，政府为了扩大自身的利益，往往会抢夺各项资源，各政府通过利用权力强制使市场与外界断绝往来、实行地方保护等各种方式扩大自身的利益，却恶化了和其他政府间的关系，使得国家推行的公共服务方法形同虚设。由于国家经常会对地区进行经济考核和任期考核，该负责人为了提高政绩，往往会采取寻租行为，表面上地方经济得到了增长，但对该地区未来经济的发展埋下了祸端，这也给国家经济的发展和社会的发展带来了弊端。

3. 败坏社会风气，社会道德水准下降

寻租行为的产生往往会造成不公平的市场竞争，长期下去，不仅会大大降低社会道德的水平线，也会扭曲群众的价值观。寻租行为的盛行意味着主体可利用非法手段（如金钱、权利等）和其他企业进行竞争，对于依靠自己努力获得利益的群众无疑起着负面影响。长期下去，群众的道德水平线会大大降低，整个社会的价值观偏离正常轨道，从而引发各种类型的犯罪增加，最终导致整个社会道德的沦丧。

4. 破坏社会的规范体系，带来其他层次上的寻租行为

农村电子政务市场化建设中产生的"寻租"风险将严重损害经济增长，进

而破坏制度和规则。

第一，电子政务项目设计开发商寻租将使完善的农村电子政务市场化体系难以形成。传统利益格局使拥有项目、特权的涉农政府主管部门不愿放弃权力，由此会严重阻碍我国农村电子政务市场化建设体系的产生和创办。

第二，电子政务项目第一承担人做出寻租行为会对现有的规章制度造成不良影响。电子政务项目设计开发商寻租的产生就意味着领先于其他竞争者，市场的竞争环境发生腐化，即使计划建立关于创新奖励制度，也难以实施，经济机构的运行效率大大降低，对经济的长期发展造成不良影响。

第三，由于权力寻租使得机构运行的实际资金大于原先资金，其运行效率会有所增加，从而让少数人因此而先富裕起来，但也造成了不良影响，群众收入的差距越来越大，极其容易让社会中的其他成员心态失衡，进而破坏社会的规范体系。

四、"寻租"风险的成因

政府中负责电子政务项目的涉农政府经管机构一旦实行"寻租"行为，则会产生寻租风险。影响该风险的因素是多方面的，主要包括外界条件、内部动机、基本起因，还有"寻租"风险产生的诱导因素。

（一）根本原因："理性经济人"的利益驱动

寻租活动的根本属性是以利换利。对政府决策进行探究时，学者一般都是基于该前提进行分析，也就是说政府的权利来源于群众，其决策的实施应该符合群众利益，力求使群众得到最多的利益。但是，从现代经济学的层面看，政府也需要为自身谋求利益，符合"经济人"规律。各个政府中的每个机构，机构中的每个职员都需获得利益，最大化满足自身的需求往往是人的天性。政府机构中的职员权利来源于群众，所以其决策和实际行为应该以帮助群众获取最大的权益为目标，但除了"人民的公仆"这一层身份之外，他们也是一位"理性经济人"，他们也期待自身能够获得最大的利益。可以说，为自身谋求最大的利益的目的和被群众所期待的行为，对该职员将采取的行动起着非常重要的作用。基于此，研究者也提出了国家职员的效用函数。因此，政府中负责农村电子政务项目的涉农政府主管部门及其公务人员私人财产的动机，连同公司为获取利益的需求，就产生了寻租、设租行为。

（二）客观条件：制度的缺陷

经济行为受多个方面的影响，其中较为重要的就是国家的规章制度，如果制度在某方面存在着空白，各政府机构人员为满足个人利益，难免钻漏洞。农村电子政务市场化建设中"寻租"风险的滋生，一方面，在经济法规不完善、监督困难的情况下,农村电子政务市场化建设管理在相当大的盲区,导致农村电子政务市场化建设中"寻租"风险的存在;另一方面,农村电子政务项目设计开发商对农村电子政务市场化建设程序了解熟悉程度不够,个别专家评委、农村电子政务项目的涉农政府主管部门及其公职人员思想不健康,观念不正确,对农村电子政务实施市场化的力度还不够。因为制度在某些方面还存在着权限,农村电子政务项目建设外包过程的某些环节存在漏洞,如项目建设外包的信息没公开发布、评审过程无实时监控、专家库成员少甚至缺失专业技术专家等,使腐败行为成为可能。这些为设租、寻租行为的发生创造了条件。

(三)内在动机:权力的腐蚀性

腐败的根本属性是权力的不合理运用和资源分配的不协调,权力的实施随时可进行异化,其可交易性、不确定性的增值等特征,让它可能被不合理地运用,其表现形式多种多样,其中的典型是权力的腐败。公共权力是一项非常重要的权利,它可以直接分配公共资源,假设该权利没有得到有效的监督,难免会出现滥用职权的情形,产生腐败行为。站在经济学层次看,该行为属于"寻租行为"。政府中负责农村电子政务项目的涉农政府主管部门及其公职人员滥用职权做出设租行为,对于某些经济交易活动不允许其他经济个体参与,产生人为的资源稀缺现象。基于此,某些人为了满足自身的需求、争取承包农村电子政务建设项目而产生寻求租金的行为。

(四)诱导因素:"委托—代理"关系的形成

农村电子政务市场化建设过程中,电子政务项目建设外包给项目设计开发商,这中间就存在着一条"政府—政府中负责电子政务项目的涉农政府主管部门——电子政务项目设计开发商"委托代理链条。政府是农村电子政务市场化建设资金的供给者,政府中负责电子政务项目的涉农政府主管部门受政府的委托主管农村电子政务系统的建设,涉农政府主管部门又将电子政务系统建设任务外包给电子政务项目设计开发商,电子政务项目设计开发商是最终的代理人。在这个委托代理关系中,作为初始委托人的政府有权利选择监理方监督监察电子政务项目主管部门的行为,而在电子政务项目建设外包的过程中,存在着严重的信息不对称问题。但政府授予了涉农政府主管部门一定的决策权。由于"理性经纪人"的驱使,政府中负责电子政务项目的涉农政府主管部门在进行决策时,往往会以自己的利益所驱使,造成政府的最终目的和自身需满足的利益与涉农政府经管机构的不同,进而有可能导致逆向选择和道德风险,使涉农政府主管部门和电子政务项目设计开发商以设租、寻租的方式实现各自的利益最大化存在了现实可能性。

第三节 寻租风险的博弈分析

寻租行为的风险制约我国农村电子政务市场化建设的健康发展，基于该认识，构建涉农政府主管部门、政府与电子政务项目设计开发商三方建立的委托代理关系的博弈模型，分析涉农政府主管部门与电子政务项目设计开发商委托代理行为关系及模型假设以及求解。

一、基于两方博弈的模型分析验证

两方博弈主要是指涉农政府主管部门与电子政务项目设计开发商之间的博弈。包含动态博弈、静态博弈。

（一）对静态博弈的探索发现

由于涉农政府主管部门及其公职人员与电子政务项目设计开发商之间存在委托代理关系，为了使双方获得额外收益，对涉农政府主管部门及其公职人员与电子政务项目设计开发商之间做出下列博弈分析。如表6-2所示。

表6-2 支付矩阵

		电子政务项目设计开发商	
		最低交易价	最高交易价
涉农政府主管部门及其公职人员	最低交易价	(4P, 4P)	(3P, 5P)
	最高交易价	(5P, 3P)	(0, 0)

在表6-2中，假设P表示涉农政府经管机构和电子政务项目第一承担人获得应得利益之外的金额（该利益是公众损失的利益）。电子政务项目设计第一承担人对涉农政府经管机构使用"公关"手段，让涉农政府主管部门及其公职人员获得收益，也就是用权利交换金钱。电子政务项目设计开发商与涉农政府主管部门及其公职人员联合勾结，也使得电子政务项目设计开发商获得应得利益之外的金额，应得利益之外的金额减去运用"公关"手段所损失的金额，也就是用钱换取权利以得到更多的利润，这是一个完整的过程。

从表6-2可以发现，如果涉农政府主管部门及其公职人员选择低价成交，得益为3P，电子政务项目设计开发商选择高价，得益为5P；如果涉农政府主管部门及其公职人员选择高价成交，电子政务项目设计开发商选择低价，那么职员和电子政务项目设计第一承担人的利益关系是南辕北辙的，假设他们愿意以低价

第六章 面向需求的农村电子政务市场化建设风险——寻租分析

交易，那么他们能够得到 4P 的利益；假设他们愿意以高价交易，那么他们所得的利益为 0。运用相对优势策略画线法发现，在该图中存在着纳什均衡，它们分别是（5P，3P）、（3P，5P）。

通过对农村电子政务建设项目外包的实际过程研究发现，(5P，3P)、(3P，5P) 有可能同时出现，选购人员和个体商户等为了追求利益会想尽办法。如果涉农政府主管部门及其公职人员选择低价成交，即选择（3P，5P），那么电子政务建设项目招投标完成后公职人员会向电子政务项目设计开发商索取贿赂。电子政务项目设计开发出于讨好涉农政府主管部门及其公职人员并且为了日后的长期合作，会答应涉农政府主管部门及其公职人员的要求。但假如电子政务项目设计开发商拒绝了涉农政府主管部门及其公职人员的要求，那么在下一次的招投标中，涉农政府主管部门及其公职人员就会提价，也就是采用上述的（5P，3P）战略组合，一旦这样选择，电子政务项目设计第一承担人为了追求最大的利益就会降低物品品质、降低合格服务的水平线。由此可以看出，无论选择哪一种策略组合都会带来损失，而损失承担者却是国家和群众，这种现象被称为市场竞争机制失灵，既让资源分配陷入不合理的状态，也对社会利益的发展带来不良影响。

（二）动态博弈分析

从寻租设租的角度分析，在电子政务建设项目招投标过程中，涉农政府主管部门及其公职人员即为设租人，电子政务项目设计开发商为寻租人。涉农政府主管部门及其公职人员与电子政务项目设计开发商之间行动可以看作是一场博弈。这场博弈的规则是：第一步，涉农政府主管部门及其公职人员须在设租与不设租之间做出选择。第二步，电子政务项目设计开发商行为。如果涉农政府主管部门及其公职人员可以自由选择不寻租行为及寻租行为。图 6-1 中左方数据表示为涉农政府主管部门及其公职人员在不同策略中获得应得利益之外的利益的状况，右方数据表示为电子政务项目设计第一承担人在不同策略中获得应得利益之外的利益的状况。当涉农政府主管部门及其公职人员不设租时，双方的额外收益均为 0。当涉农政府主管部门及其公职人员设租而电子政务项目设计开发商不寻租时，双方的额外收益也均为 0。只有当涉农政府主管部门及其公职人员设租，同时电子政务项目设计开发商寻租时，双方才会有额外收益。

此时假设，A 为涉农政府主管部门及其公职人员设租成功的收益，B 为电子政务项目设计开发商寻租成功的收益，E 表示涉农政府主管部门及其公职人员的设租行为被政府发现时政府对涉农政府主管部门及其公职人员的惩罚，H 表示电子政务项目设计开发商应承受由寻租行为所带来的惩罚后果，P 代表的是寻租行为顺利完成后，国家是否会对其惩罚的概率，那么 1-P 为寻租行为顺利完成后，国家不采取任何措施的概率。

此时:
涉农政府主管部门及其公职人员的收益:
$$L=(A-E)\times P+A\times(1-P)=A-E\times P \qquad (6-1)$$
电子政务项目设计开发商的收益:
$$T=(B-H)\times P+B\times(1-P)=B-H\times P \qquad (6-2)$$
于是,这场博弈存在下面三种结果如图 6-1 所示:

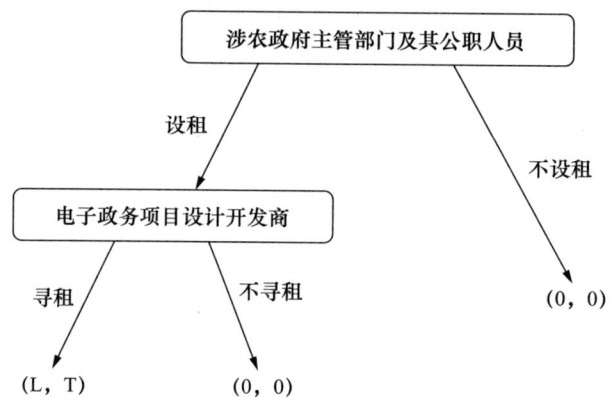

图 6-1 涉农政府主管部门及其公职人员与电子政务项目设计开发商博弈树

当涉农政府主管部门及其公职人员可以选择设租,且电子政务项目设计开发商可以选择寻租的时候:

如果 L<0, T>0,应选择(不设租,寻租)博弈方案;
如果 L>0, T>0,应选择(设租,寻租)博弈方案;
如果 L>0, T<0,应选择(设租,不寻租)博弈方案;
当 L<0, T<0 时,博弈最佳策略为(不设租,不寻租)。

涉农政府主管部门及其公职人员与电子政务项目设计开发商之间,只要有一人的收益为 0,则农村电子政务建设项目外包的过程中的寻租行为就不会发生。

解得:

L<0 或 T<0 即 P>A/E 或者 P>B/H

通过以上探究不难发现,如果政府能够强烈打击寻租行为,严格监督政策实施过程、改进相关的规章制度,涉农政府主管部门及其公职人员与电子政务项目设计开发商之间产生寻租行为的概率会大大降低。

二、基于三方博弈的模型分析验证

(一)模型可行性分析

电子政务项目设计开发商对监理方的监督和政府中负责电子政务项目的涉农

政府经管机构做出的寻租行为,形成了该三方博弈基本模型。该三方加入其中的顺序呈先后顺序排列,后者可以根据前者的行动做出抉择,具备一般的动态博弈的属性。过程如图6-2所示。

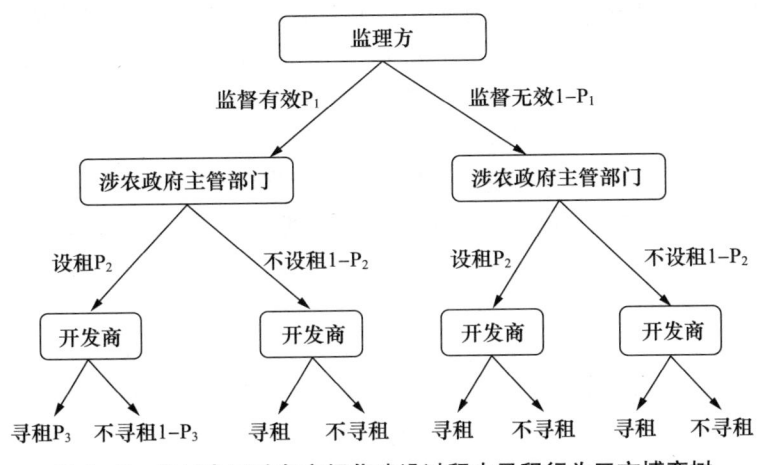

图6-2 农村电子政务市场化建设过程中寻租行为三方博弈树

(二) 博弈模型的假设

电子政务项目设计开发商与监理方的监督和涉农政府经管机构形成了三方博弈的基本模型。

每一个电子政务项目设计开发商都是"经济人",影响其收益的因素之一是他的投入财产,涉农政府经管机构在对电子政务进行市场化管理中为了增加自己的收益会做出设租行为,电子政务项目设计第一承担人为了追求收益往往会对涉农政府经管机构使用"公关"手段,如果双方同意,那么涉农政府经管机构会获得电子政务项目设计第一承担人的租金。这里,暂时认为涉农政府经管机构所获得电子政务项目设计第一承担人的租金,为电子政务项目设计开发商获取利益后,其一定利益的比例值。

政府为了实现利益最大化,委托涉农政府主管部门进行农村电子政务市场化建设,在激励涉农政府主管部门的同时也会对其进行有效的监督。然而,监理方对涉农政府经管部门行使监控权时并不能总是达到理想的高度,涉农政府经管机构为追求利益甚至会对监理方运用"公关"手段。因此,国家在消耗人力物力寻找涉农政府主管部门寻租的证据时,并不一定能够找到。所以,政府在对涉农政府主管部门进行监督时,其监督的有效性也有概率性的变动。

由此,可以假设如下的参数:

假设一:X为农村电子政务项目设计开发商投入的资金;A(x)为农村电子政务项目设计开发商的投资成本,其成本是其投入资金的增函数,($A'(x) > 0$,$A''(x) >$

0）；$B(x)$ 为农村电子政务项目设计开发商的收入，为其投入金额 X 的增函数；M 为当寻租活动被监察到时，农村电子政务项目设计开发商被处以其收益 M 倍的罚款。

假设二：$C(x)$ 为涉农政府主管部门寻租成本；$C(0)$ 是涉农政府主管部门的固定收入，就是政府支付的薪酬；Q 为涉农政府主管部门索取租金的比例值（$Q \in [0, 1]$）；N 为当寻租活动被监察到时，涉农政府主管部门被处以其纯收入 N 倍的罚款。

假设三：$D(x)$ 为监理方进行监察的成本。

假设四：T_1 为监理方不监察时，涉农政府主管部门与农村电子政务项目设计开发商寻租行为为顺利完成的概率，$1-T_1$ 代表监理方运用监控权有效监督的概率；T_2 代表监理方运用监控权所产生的效果达到理想高度的概率，$1-T_2$ 代表监理方运用监控权所产生的效果没有合格的概率；T_3 代表涉农政府经管机构做出设租行为、寻租行为的概率。

如果涉农政府经管机构与农村电子政务项目设计开发商二者对对方都不隐瞒，具有完全公开的信息，双方都互相了解。将监理方、涉农政府主管部门、农村电子政务项目设计开发商视为博弈三个参与人员，则他们形成简单的博弈模型，据此可以推出三方支付矩阵，如表 6-3 所示。

表 6-3 监理方、涉农政府主管部门、农村电子政务项目设计开发商三方支付矩阵

			监理方		
			不监督	监督	
				证实违规	未查出违规
涉农政府主管部门和电子政务项目设计开发商	寻租	涉农政府主管部门	$QB(x)-C(x)$	$-N[QB(x)-C(x)]$	$QB(x)-C(x)$
		电子政务项目设计开发商	$(1-Q)B(x)-A(x)$	$-N[(1-Q)B(x)-A(x)]$	$(1-Q)B(x)-A(x)$
		监理方	$A(x)+C(x)-B(x)$	$B(x)(NQ+M+MQ)-[NC(x)+MA(x)]-D(x)$	$-B(x)+A(x)+C(x)-D(x)$
	不寻租	涉农政府主管部门	0	0	0
		电子政务项目设计开发商	$B(x)-A(x)$	$B(x)-A(x)$	$B(x)-A(x)$
		监理方	0	$-D(x)$	$-D(x)$

(三) 建立博弈模型并求解分析

根据上表可知，农村电子政务项目设计开发商的期望函数为：

$$Y_1 = T_3\{T_1[(1-Q)B(x) - A(x)] + (1-T_1)(1-T_2)[(1-Q)B(x) - A(x)] - (1-T_1)T_2M[(1-Q)B(x) - A(x)]\} + (1-T_3)[B(x) - A(x)]$$

简化得：

$$Y_1 = T_3[1 - T_2(1+M) + T_1T_2(1+M)][(1-Q)B(x) - A(x)] + (1-T_3)[B(x) - A(x)] \quad (6-3)$$

涉农政府主管部门的期望函数为：

$$Y_2 = T_3\{T_1[QB(x) - C(x)] + (1-T_1)(1-T_2)[QB(x) - C(x)] - (1-T_1)T_2N[QB(x) - C(x)]\}$$

简化得：

$$Y_2 = T_3[1 - T_2(1+N) + T_1T_2(1+N)][QB(x) - C(x)] \quad (6-4)$$

监理方的期望函数为：

$$Y_3 = T_3(1-T_1)T_2\{M[(1-Q)B(x) - A(x)] + N[QB(x) - C(x)] - D(x)\} + T_3(1-T_1)(1-T_2)[-B(x) + A(x) + C(x) - D(x)] + (1-T_3)T_1D(x)$$

简化得：

$$Y_3 = T_3(1-T_1)T_2[M(1-Q)B(x) - MA(x) + (NQ+1)B(x) - (N+1)C(x)] + (1-T_1)\{T_3[A(x) + C(x) - B(x)] - D(x)\} \quad (6-5)$$

式 (6-3)、式 (6-4) 和式 (6-5) 构成了监理方、涉农政府主管部门与电子政务项目开发商的博弈模型。

由此，可以得到电子政务项目设计开发商、涉农政府主管部门和监理方三者的反应函数，分别为 $X_n = Z_1(T_3, T_1)$，$T_{3n} = Z_2(X, T_1)$，$T_{1n} = Z_3(X, T_3)$。

反应函数即为当电子政务项目设计开发商、涉农政府主管部门和监理方三者中任何一方采取的最优战略即为三者中另外一方可选择战略的函数，前面提到的纳什均衡可以用这个反应函数表达，即 (X_n, T_{3n}, T_{1n})。

也可以进一步得出：

$$X_n \in \arg\max Y_1(X_n, T_{3n}, T_{1n})$$

$$T_{3n} \in \arg\max Y_2(X_n, T_{3n}, T_{1n})$$

$$T_{1n} \in \arg\max Y_3(X_n, T_{3n}, T_{1n})$$

在现实政治活动中，博弈的三方总是在追求自身效益的最大化。对于电子政务项目设计开发商，为了追求其纯收益并使之最大化，其最优投资额 X 即是其最优的战略选择；对于涉农政府主管部门而言，方案得到好的实施则最好选取最优的寻租概率 T_3，在这种情况下，其获得的利益是最多的，而且又顺利完成了寻租行为；监理方用最佳监察的比例 T_1 作为其最优的战略选择，以最大限度地降低涉农政府主管部门寻租活动的发生。但是，在农村电子政务市场化建设中，涉农政府主管部门与电子政务项目设计开发商的寻租活动不会经常发生，可能政府在建设过程中投入很大的监察力度让涉农政府主管部门和电子政务项目设计开发商因畏惧承担风险而放弃寻租；也可能涉农政府主管部门所设租金超出电子政务项目设计开发商的预期，使其放弃投资开发。因此，只有当寻租行为满足了其发生时的必要条件后，寻租才会发生。通过以上期望函数分析，可以得出的结论为：

涉农政府主管部门和电子政务项目设计开发商不寻租时获得的最大利益：

如果涉农政府经管机构不期望以设租获得利益。也就是说，当 Q = 0 时，没有做出寻租行为，则当下的投资金额 X 即为电子政务项目设计开发商的最优投资额 X_{max}。涉农政府主管部门期望函数即最大化收益为：

$$Y_{1max} = B(x_{max}) - A(x_{max})$$

由以上分析，可得出发生寻租行为既有外因的存在，也有内因的因素。当监理方监督严格，并且惩罚力度很大时，涉农政府主管部门与电子政务项目设计开发商一旦被监察到两者之间有寻租行为，将会被处以严厉的处分，即 $Y''_3 < 0$，此时，涉农政府主管部门与电子政务项目设计开发商的寻租行为会造成过高的成本，涉农政府主管部门与电子政务项目设计开发商都不想承担"寻租"风险。在这种情况下，不会有寻租的动机。但如果为了追求利益，那么就会发生寻租行为，对于涉农政府主管部门而言，只有当期望函数的效用大于零时，才有利可图。因此，$Y_2 = T_3[1 + T_2(1 + N) + T_1T_2(1 + N)][QB(x) - C(x)] > 0$ 时，寻租行为才会产生。在上式中，N、T_1、T_2 都是监理方可控性的外部因素，因而，$T_3[QB(x) - C(x)] > 0$ 是寻租行为产生的内在因素。

在此，我们将 $T_3[QB(x) - C(x)] > 0$ 定义为发生寻租行为的必要条件，当寻租行为发生的必要条件得到满足时。

若 $N \geq 1/[T_2(1 - T_1)] - 1$，或是 $Y''_3 < 0$，涉农政府主管部门与电子政务项目设计开发商选择不寻租使其最优战略。监理方也明白，对于涉农政府主管部门与电子政务项目设计开发商而言，寻租的成本过高，此时，发生寻租行为的概率就很低，因此，监理方选择不监督。在不发生寻租行为时，纳什均衡为（正常工作，不监督）。

若 $N < 1/[T_2(1 - T_1)] - 1$，或是 $Y''_3 \geq 0$，涉农政府主管部门与电子政务项目设计开发商做出寻租行为是他们最好的方案。由于监理方的监督力度不大，所以很容易顺利展开寻租行为，就算被监理方监察到了二者的寻租行为，被监理方处分的概率也很低。监理方了解到对于涉农政府主管部门与电子政务项目设计开发商而言，做出寻租行为一般会给自身带来利益，一旦有监理方的参与，其寻租风险会大大提升，寻租行为发生的概率也会有所下降。在这个时候，出现寻租活

动,则其纳什均衡表现为:监督实效,产生寻租行为。

模型的求解分析:

设 $A(x) = ax^2 + a_0$;$B(x) = bx + d$;$C(x, Q) = Qx + Q$

为求得电子政务项目设计开发商、涉农政府主管部门、被监理相互间的反应函数,使该模型达到纳什均衡,将模型代入 Y_1、Y_2、Y_3。

代入期望函数 Y_1 并对 X 求导可以得到:

$$T_3[1 - T_2(1+M) + T_1T_2(1+M)][1 - Qb - 2ax] = 0$$

代入期望函数 Y_2 并对 T_3 求导可以得到:

$$[1 - T_2(1+N) + T_1T_2(1+N)][QB(x) - C(x)] = 0$$

代入期望函数 Y_3 并对 T_1 求导可以得到:

$$-T_3T_2[M(1-Q)B(x) - MA(x) + (NQ+1)B(x) - (N+1)C(x)] - T_3[A(x) + C(x) - B(x)] - D(x) = 0$$

当涉农政府主管部门的寻租成本大于电子政务项目设计开发商的投资收益时,即 $C(x) > QB(x)$ 时,寻租行为不可能发生。

有上述等式得出反应函数:

$$X_n = (1-Q)b/2a \tag{6-6}$$

$$T_{1n} = 1 - 1/[T_2(1+N)] \tag{6-7}$$

$$T_{3n} = D(x)/\{A(x)(T_2M - 1) + C(x)[T_2(1+N) - 1] + B(x)[1 - (NQ+1)T_2 - T_2(1-Q)]\} \tag{6-8}$$

$(X_n T_{3n} T_{1n})$ 就是纳什均衡。

所以,$X_n = (1-Q)b/2a < X_{max} = (b/2a)$

由 X_n,T_{3n},T_{1n} 三者反应函数可以看出,监理方对农村电子政务市场化建设中的寻租行为能够实施监督的概率($1 - T_{1n}$)和监理方运用监督权所产生的结果达到理想高度的概率 T_{2n} 及惩罚强度 N 二者的关系是相反的。涉农政府经管机构作出寻租行为的概率 T_{3n} 和电子政务项目设计开发商的投入资金 X,所取租金比例值 Q 和监理方对其的处罚力度 N 相关,电子政务项目设计开发商在建设者投入越大,涉农政府主管部门选择寻租的概率越大。因此,监理方可以采取的最优监察概率是 $T_{1n} = 1 - 1/[T_2(1+N)]$,当监理方以 $1 - T_{1n} \geq 1/[T_2(1+N)]$ 监察时,涉农政府主管部门与电子政务项目设计开发商都不愿意承担风险,因而选择不寻租;如果监理方选择以概率 $T_{1n} = 1 - 1/T_2(1+N)$ 进行监察,那么涉农政府主管部门与电子政务项目设计开发商的最优战略就随机地选择寻租或者不寻租;而当 $1 - T_{1n} < 1/[T_2(1+N)]$ 时,涉农政府主管部门与电子政务项目设计开发商的寻租行为可以被监察到的概率太小,即便被发现其收益也足以抵消所受的惩罚,这种情况下二者往往达成寻租协议。此外,$1 - T_{1n} = 1/[T_2(1+N)]$ 只包含 T_2,N

两个变量,并且与 T_2、N 呈负相关,所以加强监理方的监督利率,也就是保证监理方运用监督权所产生的结果达到理想高度的概率 T_2,和提高对涉农政府经管机构做出违规行为处分强度 N,监理方即使不经常进行监督,涉农政府主管部门与电子政务项目设计开发商做出寻租行为的概率也会降低。

从涉农政府主管部门与电子政务项目设计开发商的寻租行为发生的条件分析得出,$Y_2 = T_3[1 - T_2(1 + N) + T_1T_2(1 + N)][QB(x) - C(x)] > 0$ 才会产生信息寻租行为,其中 $T_3[1 - T_2(1 + N) + T_1T_2(1 + N)] > 0$ 是产生寻租行为的必要条件。而 $[1 - T_2(1 + N) + T_1T_2(1 + N)]$ 是可控因素。此外,纳什均衡条件中涉农政府主管部门的最优寻租概率:$D(x)/\{A(x)(T_2M - 1) + C(x)[T_2(1 + N) - 1] + B(x)[1 - (NQ + 1)T_2 - T_2(1 - Q)]\}$,可以看出,涉农政府主管部门的寻租行为受 $D(x)$、$A(x)$、$C(x)$、$B(x)$、T_2、M、N、Q 多个因子影响。当监理方对涉农政府主管部门与电子政务项目设计开发商的寻租行为需要花费大量的财力、物力、人力才能够进行有效监督时,涉农政府经管机构认为寻租风险会有所降低而选择寻租行为;当监理方提高对涉农政府主管部门与电子政务项目设计开发商寻租行为进行严格监督时,一旦发现寻租活动就对其严惩,涉农政府经管机构认为寻租风险会大大增加而不会选择寻租行为。因此,$D(x)$、$C(x)$、T_2、M、N 均可视为监理方监察的可控因素,可以假设这几个因素为固定值,$A(x)$、$B(x)$、Q 则主要作用于涉农政府主管部门与电子政务项目设计开发商的因素,影响其寻租行为的发生概率,Q 是涉农政府经管机构为获得额外利益而所设的租金,涉农政府经管机构所设的租金影响着电子政务项目设计开发商的期望收入 $B(x)$,而对于收入的预期更直接决定着电子政务项目设计开发商投资的规模 $A(x)$,因而 $A(x)$、$B(x)$ 是关于 Q 的函数,Q 是对涉农政府经管机构是否做出寻租行为的要素。

通过以上分析可以发现,国家设定有效可行的规章制度,如补偿制度、考核制度,树立典型并对其大力宣传能够让人们形成正确的价值观,能够减少寻租行为,遏制寻租风险的存在控件。提高对寻租活动的惩罚强度,让政府职员对手中权力有正确的认识,能够加强其抵抗外界诱惑的能力。另外,建立健全政府管理运行机制,提高寻租所需要花费的代价,提升寻租风险也可以大大减少涉农政府经管机构和机构职员做出设租行为及寻租行为的概率,减少农村电子政务市场化建设中寻租风险的产生。

第四节 市场化建设中寻租风险防范策略

与一般的信息化项目相同,电子政务市场化项目建设主要涉及政府和开发商,如果是按照公开招标的形式承接的政务项目,在建设过程中必然涉及政府和开发商的委托代理关系。从总体上看,农村电子政务市场化的理论研究和实务工作中还有许多不足之处,目前存在的一些障碍和问题也主要是由于双方没有处理好这种关系。因此,从电子政务市场化建设项目管理的角度,处理好委托方和代理方之间的关系,避免道德风险,加强软环境建设,是电子政务项目建设顺利进行的必要条件。

一、加强公职人员的道德素养,切断"寻租"风险产生的源头

伴随着农村电子政务市场化建设的不断发展,电子政务项目建设外包过程中的公职人员的素质显得越来越重要,涉农政府主管部门的公职人员的参与直接影响到农村电子政务项目建设外包的招投标过程的最终结果。但在农村电子政务项目建设外包的招投标实践过程中,规范涉农政府主管部门及其公职人员的管理确实存在着诸多困难,如不加大力度进行整改,则会助长农村电子政务市场化建设中的"寻租"行为。根据实践经验来看,建议从以下三方面来加强公职人员的道德素养,切断"寻租"风险产生的源头。

(一)加强公职人员的职业道德和思想道德教育

电子政务平台是国家为大众提供高效"便捷"为民的一种公众服务。因此,政府公职人员要在其位谋其职,完成其为公众服务的任务,必须有着下列职业素养:首先必须乐于奉献,确立起为公众服务的意识;其次必须对党和国家的战略、政策与前进道路有深切领会,树立为电子政务适用主体服务的思想;最后要强化法律法规意识,遵守有关规则,严于律己。公职人员领导者的德行对下属公职人员甚至是对普通群众都会起到带头与以身作则的效果,必须当作是清廉从政的表率。组建高质量的公职人员团队,必须对相关人力资源单位加大建设力度,完善相关机制。尽可能地对公务员系统采取专门管理,按照职位的工作任务、工作水平、工作成绩等多方面来对公职人员的薪水进行制定,使其尽可能合理并使其对公职人员具备吸引力或鼓励作用。

(二)提升公务员待遇,确立合理的鼓励措施

中国现在对于政务成绩优异的公职人员一般采取精神奖励,但实际上绝对不能够局限于此,原因在于这样做其实是忽略了公职人员同时也是一名"理性经济人"的事实,从而导致这种精神奖励在一些时候无法起到预想作用,还有可能起相反效果。人才是农村电子政务市场化建设的主要推动力,高素质的人才队伍才是保证农村电子政务市场化顺利推进的基本所在。公职人员一定要具备一定的信息化技术与现代化的先进管理理念,而这能够通过多方面来训练,使其管理能力得到提升,让其在自己的岗位上发挥更大的作用。

要想合理地使公职人员不出现创租或进行抽租行为，势必要对公职人员建设合理的鼓励措施，主要是将精神激励同物质激励二者有机融合。确立公职人员的薪水结构与加薪标准，使之合理有效，确立更加有吸引力的薪水酬劳激励体系，减小其合理收入与经济租金二者之间存在的差距，有效地提升公职人员寻租的机会成本，从而降低公职人员进行该类行为的动机。而提升公职人员的待遇，必须完善其权利监管督察制度，加大人力资源机制改革力度。因此，为了抑制农村电子政务市场化建设中公务员的寻租行为，不仅要合理提升公职人员的薪酬，以高薪促进廉洁从政，而且要提升其荣誉感。将二者有机融合，在实现其合理需求的同时使其个人价值得以体现，以此减少寻租行为的现象出现。

（三）发挥道德的制约作用，改变传统"理性经济人"偏好

公职人员的"理性经济人"偏好可以认为是公职人员寻租的主观原因。本质上说，公职人员的道德自律是减少相关现象出现的最好方式，也就是利用加强公职人员的道德素养，转变其偏好，让公职人员可以自发地抵抗相关活动的出现。这不同于法律的强制制约力，这种道德的制约力是自觉的，是发自个体灵魂深处的规则意识的，这种意识会使其对相关现象产生厌恶，因此道德制约是一种预先防范，没有人可以使全部的公职人员都可以自觉去抵抗这种现象，原因在于每个个体的思维很容易遭到周边客观因子的影响，一旦有某些个体无法做到，即使只是小部分，也会对另外一部分个体产生诱导。想要成功治理在农村电子政务市场化进程中出现的相关寻租现象，不仅要降低其行为动机，而且要从源头抓起，加大惩罚力度。

二、建立健全政府管理运行机制，堵塞"寻租"风险产生的漏洞

以往的计划经济背景下的政府管理机制使得其权力分布部门化，从而为寻租行为的出现创造了机会，政府运作体系中的不足使得公权与私利交织在一起，发生各种寻租现象。必须建设并不断完善政府运作体系，规范其运作形式与流程，使公私分离，才可以堵塞"寻租"风险产生的漏洞。

（一）健全政府电子化采购

农村电子政务市场化建设中政府电子化采购是大势所趋，是农村政府采购改革的方向。目前，我国农村政府采购中，人工仍然是重要力量，尚没有对其进行有效设计与策划。所以，使得其投入费用增多，速度与效果下降，也使政府寻租变得相当普遍。农村电子政务市场化建设必须健全政府电子化采购。

首先，要在现有的基础上继续加强信息化的基本设备搭建。

其次，细化电子化的采买流程、相关材料与注册，以及数字签名的法定效用、采买的安全性准则、种类区分方式、核心资料的保密机制、矛盾的处理方

第六章　面向需求的农村电子政务市场化建设风险——寻租分析

式、对使用者与知识产权的保障方面的税收制度等。

最后,把完善的安全机制与采购过程相结合。为确保数据安全性,可以让该体系的提供方提供源代码,进行备份与审核操作,从而确保数据的安全性,把合约与数据格式公开,以处理可能存在的隐在问题,应用软件可以跨越多个操作系统。在进行相关管理方案的制定之时,应该考虑到管理网络、密钥、相关软件以及硬件设施等,构建出多个级别、多个角度的相关机制。

(二) 对乡镇政府机构进行改革

随着农村电子政务市场化建设的推进,乡镇政府结构的变革也势在必行。

首先,解决人事配置的问题,要遵循职能部门的工作性质和职责要求定岗、定责、定员,确定每个单位的每个公职人员的工作任务与权利。把工作量、工作需时、工作效果等各方面纳入业务成绩的考核标准。这样能够引进竞争,使每一个人具备强烈的危机感,从而确保乡镇公职人员的工作动力,把每个单位的职责连续起来,降低管理投入,提升管理效率,减少腐败。

其次,建立财政负责和监督制度,尤其是健全人民代表对政府财务的督察、约束、反对于赞同流程,所有相关信息都应该在电子政务网站上进行公示,让人民代表、审计人员、广大群众以及全社会一同监督,使每个人有充分的知情权和评价权。

最后,完善信息公开制度,应通过多方面的方法对这些数据进行公示,杜绝因为数据公示方式太过单一化而出现的寻租行为,设立政务微博与微信公众号,将这些方式和以往的报纸刊物、官方网站、发布会等传统方法共同作用,使其与普通群众进行有效的双向交流。对相关网络平台定期或不定期维护,保障数据公示体系实际应用,实现高效公示,提升其服务效率。使得采购程序高度明朗,从而使得寻租行为得到很大阻力;渐渐构建公开公正的买卖环境,为农村电子政务市场化建设中的优势企业发展创造机会。

(三) 健全体系搭建,推动市场化发展进程

政府体系中出现的寻租现象其根源在于制度租金,所以,必须从其源头出发,利用农村电子政务市场化进程的推动和逐步健全来对其进行杜绝。

首先,把政府部门对市场金融的管理与制约程度降低,制定合理的管理与制约区域。政府应利用公众服务平台,创造农村地区市场化进程得以推动的前提条件,是涵盖资金投入、市场规范以及治安手段等各方面,确保农村人民的基本人身与经济安全,制定当地市场化进程的发展方案,提升农村市场化进程,使其健康、有序、具备效率地发展。

其次,将政府对市场进入的管理与制约手段加以革新,使其更加有效,使制度租金不断减少直至消失殆尽,将企业获得金融垄断或是相关特殊权力的寻租渠

道与源头割断。基于此，修正政府中负责电子政务项目的涉农政府主管部门与电子政务项目设计开发商的关系，使企业真正成为投资主体。为了扭转政府中负责电子政务项目的涉农政府主管部门行为中严重的自我发展倾向，必须加快农村电子政务市场化进程，使企业作为资本投入主要群体直接面对市场；利用法规的制约力，让政府可以接收到中央确定的具备指导意味的相关文件，合理高效地促进各个地方的农村电子政务市场化的开展。

最后，强化对政府的监督机制，发挥本地区农民对政府的监督约束作用，通过农村电子政务网站运作过程的透明度，强化农村地区举报和新闻舆论的监督作用。

三、构建腐败风险防控监督机制，有效防范"寻租"风险的发生

构建腐败风险防控机制是保证农村电子政务市场化建设顺利进行的重要保障，是农村电子政务市场化建设的法律体系中不可或缺的重要组成部分。若在农村电子政务市场化进程中没有有效监督，以权谋私和权钱交易无法避免。由此可见，在农村电子政务市场化建设的进程中必须实施严格监督，如不进行有效监督，必然会出现大范围寻租行为。

（一）强化监督体系

只要权力存在，监督就一定要伴随其左右，政府对市场金融的干预管理是需要存在的。要想杜绝寻租现象的出现，势必需要健全对政府活动的监管与督察体系，从而降低寻租现象的发生可能性。假使缺乏健全的监管体系，公职人员的有关腐败活动就不能被发现与处理。必须依赖健全的监管体系对公职人员的相关活动有所约束，提升相关行为出现的成本，才能有效地杜绝相关现象的出现。首先对政府各单位之间的各种权力机关进行整合调度，将各项职权合理分散的同时做到保持恒定，使各个权力单位相互制衡。然后继续推动农村电子政府业务的公示，使其高度明朗。建设完善的民众监督体系，大范围地实行公开处理事务、处理事务结果公示的处理模式，开展宣传教育，增强公民监督意识，使广大群众对政府执行力的督察力有用武之地。在寻租理论方面，强化监管力度，也就等于提升了寻租活动的相应成本，原因在于公职人员必须与各个权力机关合作才可以进行寻租活动，这使得其危险性加大。在健全监管机制的同时，还必须确立对相关现象的惩处机制，其中不仅包含对公职人员寻租现象的惩处，还有对一些利益团体或个体的惩处，只进行监管而没有惩处机制，会起到另一种形式的激励作用。因此，需要建立具有强大威慑力的处罚机制，既实行法纪、党纪、政纪的严惩，又要实行经济制裁，使寻租者财、位、权三空，以增加寻租行为的经济成本和其他损失。如果政府公务员认为处罚力度足够大以致寻租成本大于寻租收益，在

"理性经济人"的假设下,他们自然而然会放弃寻租行为。

(二) 完善监督管理机制的立法

失去监督的权力必然导致腐败,这早已成为人们的共识。所以,必须健全其监察制度。监察形式一般分为内部监察、法律监察和社会监察。

内部监察是指各个权力机关之间的内部检查,利用各个权力机关之间的相互约束,让整个外包流程顺利开展,内部检查是完成农村电子政务项目建设外包的制度保障。

法律监察是通过建立一整套完善的农村电子政务市场化建设法律体系,从电子政务项目建设制度运行的外部对电子政务项目建设外包的过程进行监督和约束,以达到法制化管理的目标,这是做好农村电子政务项目建设外包的法律保证。

社会监察是指在农村电子政务项目建设外包的每个操作流程中,每个负责单位应该确立好将其相关数据进行公示的方式,真实及时地把有关数据对社会各界进行公示,接受社会各界尤其是媒体的强度监管,树立起政府公众面貌。

(三) 加大执法监察与经济惩处力度

在上文已经提到,对电子政务项目建设外包过程中的腐败现象惩处力度低下会使相关法规对公职人员失去制约力,使得寻租现象的出现更加猖狂,获得不正当的收入。所以,要杜绝电子政务项目建设外包过程中的寻租现象的出现,势必要加大相关行为的惩处力度,在执法与经济惩处等多个角度增大寻租行为的成本。被查处的可能性越大,被惩罚的力度越大,寻租行为的有关成本就会越大,从而避免电子政务项目建设外包过程中寻租活动的出现。

加强执法监察。在电子政务项目建设外包过程中,大多数公职人员均拥有高学历与高智商,他们对相关法律法规具备很强的认知,所以,当其进行相关行为时,都会进行严谨的计划与安排。这部分人群对相关规定有很深的了解,并企图通过其中的漏洞来避免其寻租行为被发现,从而避免被惩处。因此,要完善相关法律,使其形成严谨的法律网络,让非法行为无处藏身,进而使寻租现象尽可能地被杜绝。

加强经济惩处。不少非法分子以及不少普通民众觉得,在贪腐行为被发现之后虽然会被惩处,但与其能够收获的经济收入相对比,还是可以去承担风险。正是这种想法让不少公职人员甘心冒险。越来越多的人被诱导,使贪腐行为不断。所以,加强经济惩处,对相关行为的当事人不仅要进行罪行,而且同时要对其进行经济惩处,不管是否造成了严重的后果,不管其涉及的金钱数量多少。这样一来,对公职人员能够具备较强的震慑力,从而有效地减少寻租现象的出现。

加强纪律制裁。根本看来,政府的公权是寻租现象出现的源头,公职人员手中的权力导致其可以掌控电子政务项目建设外包的全部,从而利用对这一过程的操控从中谋取私人利益。所以,一定要对贪腐人员的职责、级别等各项权力加强管制。加强对政府公职人员的惩处条规的建设与健全,细化对公职人员贪腐活动的查处流程,通过政府纪律补足有关罪行判处的缺陷,使其更为完善。加强对贪腐人员的纪律惩处,对有贪腐行为的公职人员,不管是否造成了严重后果,以及贪腐涉及金额多少,全部罢免其职位、抹除其职级,从此不再任用。对于还无法进行罪行处罚的公职人员,严重的予以开除,情节较轻的则勒令其自行辞退,并且对其从事某些行业的资格予以限制,使其为此付出惨重的代价。利用这种强有力手段对公职人员的贪腐现象予以打击,真正防范涉农主管部门与电子政务建设项目承包商之间"寻租"风险的产生。

针对"寻租"风险存在的危害及其产生原因,应采用不一样的防范措施。这一理论表明,在政府权力还在对市场进行干预的环境主体中,"寻租"风险是一定会存在的。中国多年的革新结果便是很好的证明。因此,研究农村电子政务市场化建设中可能出现的"寻租"风险并提出防范措施是保证农村电子政务市场化建设又好又快发展的前提。这就要求政府有能力控制外包风险,第三方机构能够为政府部门提供电子政务项目监理等各种服务,减少电子政务建设中确定性以及有效地转移风险。引进第三方中立机构,帮助政府进行适度的监督,加强政府的科学化和专业化的监督管理,可以保障电子政务运营服务外包的成功。

第七章 面向需求的农村电子政务的市场化建设策略

农村电子政务市场化建设不是一蹴而就的,需要对农村电子政务的发展现状有非常清晰的了解,包括已经取得的一些成就和尚未建设完成的方面。同时,要对农村电子政务市场化建设的必要性有清晰的认识,在基础设施、信息发布以及公共服务中引入市场观念,针对本地实际情况,因地制宜地进行农村电子政务市场化方案的设计,寻找市场化建设的途径,对市场化的模式进行多方的比较与论证,从而选择最优于其发展的市场化建设模式,才能够对农村电子政务市场化建设的利弊有充分了解,从而从制度上、市场环境上、模式选择上等方面兴除利弊,并进行科学的电子政务市场化建设顶层设计与评价指标体系研究,为农村电子政务建设建立一个良性有效的发展模式和道路。

第一节 农村电子政务建设的市场化思路、原则与目标

为使电子政务实现快速发展,必须将市场机制引入平台的建设工作中,利用市场模式提高平台的建设效率,在构建政务平台时应该摒弃一直以来"重硬件、轻软件、忽视业务应用"的问题。以"满足公众需求"为出发点,关注城乡发展不平衡所造成的"数字鸿沟"以及政务平台建设中缺乏对信息资源的有效整合所导致的"信息孤岛"问题。从广大涉农主体利益出发,解决农村地区有待解决的问题,更好地服务农村、农民以及农业。

一、农村电子政务建设的市场化思路

农村电子政务市场化建设,需要结合自身的规划与需求、优势和劣势、经验

和能力等因素，同时，为市场化建设提供制度和法律上的保障，以促进电子政务市场化的有效运行。参考与借鉴世界各国在农村电子政务方面的措施和政策，确立农村电子政务建设思路。

（一）引入市场化建设的观念

（1）在基础设施中引入市场化观念。电子政务建设的首要任务就是建立基础设施，在政府投入财力、物力以及技术的同时引入多元的主体投入，融资改善现有的基础设施状况，其中包括计算机硬软件开发、网络宽带技术等，以及"农业信息网"、"村村通"等项目工程的建设。因此，进行市场化建设首先要做的是为电子政务的发展提供设备、硬件、软件等基础设施，在基础设施中引入市场化观念，利用第三方建设基础设施，提供资金、人力、物力等方面的支持。

（2）在信息发布中引入市场化观念。农村由于处于一个信息落后的环境状态，其自然条件的不具备使得信息传递有很大障碍，通过市场引导农村改变封闭状态，建立起广大涉农对相当信息传输和交流平台，激发起普通农民主动参与电子政务的热情，通过这个平台来表达他们的诉求，从而让政府探索如何为民众服务的道路。

（3）在公共服务和业务的展开中贯穿市场化观念。在公开的电子政务交流平台中，将农民的需求与公共职责联系起来，增加政府部门与涉农主体的互动环节。一方面政府借此了解涉农对象的需求从而提供更好的服务，另一发面可以吸纳涉农主体的意见和建议，以此更好地建设电子政务，将政务工作的核心价值得以真正的彰显。

（二）探索市场化建设手段

（1）探索融资体制的改革。将政府指导与引入市场机制相结合，一方面，在农村的网络市场中允许法律主体的多元化，吸引国内外和社会上的企业投入资金参与到农村电子政务基础设施的建设；另一方面，开放民间资本的融资渠道，探索既适应市场经济规律和服务型电子政务要求，又符合本地实际情况的融资体制，在市场无效的地方，政府进行干涉，在政府效率不高的地方，充分发挥市场作用。在政府和社会多元市场主题的共同合作之下，带动农村电子政务的良性可持续发展。

（2）完善电子政务信息的产业链。通过供求和竞争机制进行调控，加大信息服务的创新力度，政府不直接参与电子政务的建设，把整个建设过程交由市场做，以外包、委托合同等方式交给网络运营商、开发商等市场的第三方机构开发设计，以此完善涉农信息的服务产业链，为农村电子政务的发展奠定基础。

（3）建成一体化服务体系。通过采用市场化运作，将传统的纵向管理体制打破，建立以业务为主导的横向管理体制，划分不同的职能部门，各部门相互独立又相互合作，整合资源，实现各个政务部门之间的协同合作，同时有效搭建资源的共享平台，使得整个服务体系一体化。

（三）建立市场化建设制度，转换政府职能

（1）制定相关法律法规，规范市场秩序。制度及安全与否与农村电子政务市场化建设能否规范和长期有效发展密切相关，有了完善的制度，政府与承包商才能够有法可依、有章可循，才能够创造一个公平、有效的竞争环境。目前的市场化领域缺乏各项制度体系，如合同的招投标管理、合同管理、绩效评估制度和信息公开制度等。要健全和完善法律供给，在电子政务市场化的过程中，以便于更好地解决规划性和规则性的问题，建立公开、公平、公正的招标和投标。一个良好的制度环境，能够创造一个公平竞争的外部环境，能够在一定程度上遏制市场化过程中的寻租、腐败现象。同时，可以借鉴国际先进的电子政务服务及管理的标准，加快出台宏观的电子政务运营维护服务的外包标准化规则，在标准的宏观指导下，由各个地方因地制宜，制定地方的法规标准和部门标准。因此要规范电子政务市场化过程和市场秩序，保证其按照法律轨道运行。

（2）转变政府部门职能，提高服务、监督、评估水平。在考虑选择外包模式时，政府部门应着重从战略层面上进行分析，明确外包目标和范围，把握电子政务的核心要素，防范学习与创新能力弱化、信息化控制力弱化的风险。针对不同的外包模式，制定相对应的风险规划，以此制定有效的安全控制措施。每个地方的实际情况不同，应选择的外包模式也各有差异，需要提前做好规划与风险的防范，因地制宜，选择适宜本地有效发展的外包模式。提高政府自身的素质，完善公共服务职能。无论是哪一种模式，都要求政府部门具备一定的监督协调能力，政府部门对自身的需求也要有准确的分析并具备一定的预见性。此外，要建立起多方之间有效的沟通机制、监督机制并提高执行投入力度。因此，政府在选择时应采取科学有效的方法评估自身能力以及潜在承包商的能力能否满足相应模式的要求，或者可以从哪一方面进行改善，若当前确实无法改善，则应考虑其他模式。这要求政府对外包模式进行比较与衡量。

（四）完善市场化竞争机制，壮大电子政务承包商的服务主体

民营化意味着在公共服务提供中取消垄断，引进竞争，只要竞争的程序健康有效，公众就会从竞争中受益。当竞争存在时，民营化就具有减少成本和改善城市服务质量的潜力；如果没有竞争，改革可能没有什么效果，甚至可能导致服务水平的下降。农村的服务供给主体相对缺乏，尤其在乡镇，一般只有一个主题，大多是托管给本地的服务中心。由于承包商都是利益主导的企业，在市场运行过程中很容易出现垄断，如果能够保证竞争的程序健康有效，公众就会从竞争中受益。即使尝试公开招标，也会因为缺乏有效的竞争主体，竞标项目几乎没有悬

念。因此引入多方竞争，不仅可以是各类社会中介组织、企业，也可以是各类公益性服务组织、事业单位或者个人，都能成为服务主体，以此构建更为完善的竞争机制。此外，政府部门可以定期或不定期公开提供重要的政府采购信息，提供公开、公平竞争的机会，并把电子政务的运行和维护项目纳入采购信息中，由政府集中采购，相对为市场提供了一个公平的竞争环境，完善了市场化竞争机制。

二、农村电子政务市场化建设的原则与目标

信息产业的持续快速发展，使电子政务建设成为国际上新一轮公共行政管理改革和衡量国家竞争水平的重要标志之一。为加快我国电子政务的全面建设，应把农村电子政务作为建设重点，市场化建设推行中要坚持原则。

（一）基础建设原则

要点：加大资金投入，完善基础设施，提高信息化水平。发展我国农村电子政务要改变以往公共产品供给制度的城乡差异，把农村公共产品的供应纳入城乡统筹的范畴之内，改变城乡二元制。在农业信息化初级阶段，政府应加大对农村基础设施的财政投入，确立农村电子政务发展专项资金，特别是在网络基础设施建设方面应给予扶持和帮助，用以解决农村地区电子政务资金匮乏的问题。在这方面，我们可以借鉴国外经验，对农户购买信息设备给予相应的补贴，鼓励农民去购置电脑等信息设备。在此基础上要充分发挥农村现有信息设施的作用，利用广播、电话、数字电视网等多样化的信息传递方式，加强农村信息化建设，提高农民素质，促进农业产业结构升级，消除城乡"数字鸿沟"。

（二）制度安排原则

要点：尽快制定政策规范，为农村信息化体系建设提供保障。现有政策为我国电子政务标准化的有序建设和规范发展打下了良好的基础。但专门针对农村、农业信息化的政策法规还处于构建阶段，对于农村信息化的建设发展缺乏相应的指导。农业部门应该系统地制定针对农业信息化的政策法规，为我国农村电子政务健康发展奠定基础。

（三）分步实施原则

要点：电子政务建设不可能一步到位，针对农村电子政务建设也要制定战略计划，逐步实施。我国制定了电子政务建设规划，即涉及全面建成覆盖全国的统一的电子政务网络，建立信息资源公开和共享机制。农村电子政务的发展相应地也应有战略计划，以推进农村电子政务信息化，加快农村电子政务的发展。

（四）流程再造原则

要点：经过流程再造，以实现电子政府的管理需要。目前，我国电子政务建设中，忽视政务流程再造和管理的情况还很突出，严重制约了电子政务利用率的提升。一些单位买了电脑、联了网，把原来的工作流程搬到网上，而不去发挥电子政务的优势，造成电子信息资源的浪费。有些部门只注重自己部门信息建设，忽视与其他部门的沟通交流，造成"信息孤岛"。农村电子政务建设要克服这些人为因素，推动政府办公流程和程序的适应性变革，对原有的工作流程进行改造，加强管理，提高工作效率。

（五）服务原则

要点：实现对农村居民政务服务的最大化和效率化。由于地域的局限性，大多数农民不可能及时获得市场信息，即便获得信息由于知识等因素的限制，也不能很好地对未来做出预测，这需要政府准确、及时、全面地发布一些农民急需的市场信息。与此同时，还应该主动适应农民、农业企业需要，对信息进行更深层次加工，预测市场行情等，加强对农民的引导。发布农产品市场供求情况和趋势分析方面的信息并及时更新，建立直接面向农户的农业商务信息服务，对于农民增收将起到最直接的作用。因此，我国农村电子政务建设的实施要以加强服务意识、加强导向作用、提供服务为原则。

（六）素质提高原则

要点：电子政务在农村的实施必须提高农民自身的电子信息参与能力。我国大多数农民的文化素质不高，尤其电脑、网络知识方面，严重妨碍农民对于电子政务的认知。为此，在农村应该重视文化素质教育，开设计算机相关培训，让更多的农村居民能够适应信息化时代的需求；同时开展多种形式成人教育培训，让已离开学校或从未上过学的农民接受再教育，利用农村学校网络化资源对农民进行培训，培育新型农民，以适应农村电子政务。

电子政务市场化的效益来自政府提供的公共服务，对现代的电子政务而言，承担公共服务的职责，追求公共服务的质量，增强公众对政府提供的公共服务的满意度，无疑是面向公共服务市场化的电子政务市场化一直追求的最主要目标，也是面向公共服务市场化的电子政务存在的核心理念。作为农村电子政务的需求主体，电子政务平台是涉农主体获取农业信息、使用信息、利用信息的主要渠道，在农村电子政务建设中引入市场机制，一方面可以有效地实现信息资源的共享，另一方面可以提升市场执行力。业务应用上，应以市场化推进信息资源共享与流程再造。面向需求的农村电子政务市场化建设，按其定位，确立反映面向需求的建设目标。

（1）降低行政成本。行政成本包括有形成本，如人、财、物资源与无形成本，如时间以及其他隐性成本，降低行政成本关心成本的节约，即停留在输入层面上。近年来，农村政务不断转变自身职能，利用多种方式加快自身建设，基层管理水平有明显的提高，管理能力日益增强，农村政务组织体系越来越合理，各部门间联系不断加强。应加强对农业信息平台的建设工作，提高信息使用效率，为各项工作的开展提供保障。

（2）在有限投入的前提下尽可能提供更丰富更高质量的公共服务。在有限投入的前提下尽可能提供更丰富、更高质量的公共服务，追求产出与投入之比的最大化。农村电子政务建设速度不断加快，它不仅是技术项目，同样也是引领政府转变职能的重要工程。利用市场模式建设电子政务有利于政府履行自身的职责，加强各部门的合作与交流，利用科学有效的方式推进政务平台的建设工作，提高政务平台的信息化水平。利用市场模式建立政务平台，可以使政府工作转向智能化，政府依照市场要求制定相关政策，乡、村级政府贯彻执行，从直接管理的方式转变为间接管理，为经济与社会的发展创造良好的环境，改变方式，利用市场经济方式推动政务的转变，促使政府履行自身职责，提高政府工作效率。

三、农村电子政务建设中应处理好关系

农村经济相对不发达，农村信息基础设施还较欠缺，农业从业人员、农民的文化水平较低，所有这些因素决定了我国农村电子政务建设还有很长的路要走。为加快我国农村电子政务的发展，本着实事求是的原则，从我国国情出发，逐步推进，并注意处理好以下几个方面的关系。

（一）农村电子政务建设与农村建设大局的关系

农村电子政务的建设不是单纯地建设农村电子政务，而是要结合农村的建设。农村电子政务建设必须从我国当前国情出发，抓住农村经济发展对信息的迫切需求和农村电子政务对农村管理体制的改进，重点突破，带动全局。要适应农村发展和全球经济一体化的大环境，围绕提高政府宏观调控能力和综合服务能力，从国际国内两种资源、两个市场出发，全面推进农村信息化的进程，着力解决好农村市场信息服务滞后和管理体制不太合理的问题。当前，农村电子政务的建设推动了农村经济、政治、文化、社会的全面发展。

（二）政府部门和企业的关系

农村电子政务的建设不是一朝一夕能够完成的，由于农村经济发展有限，政府财政紧张，政府不可能对农村电子政务建设统包大揽，农村电子政务要有生机地发展就必须引进企业的参与，借助社会各方面力量为农村电子政务建设服务，如各种农业专业协会、科研推广机构、中介组织以及各类信息咨询服务企业等，建立起及时、准确、系统、权威的农业部门信息体系，为农民以及涉农企业提供信息服务。政府部门在加大投入的同时也要积极创造良好的市场环境，鼓励和扶持各类有条件的协会、企业以及生产经营大户等社会力量，开展直接面向广大农民的信息服务，推动信息服务的社会化。

（三）硬件和软件的关系

当前农村电子政务建设存在重视硬件建设而轻视软件建设，农村电子政务建设应该避免出现重建设轻服务和重硬件轻软件。随着农村经济的发展，信息化硬件设施建设取得很大的成绩，农村基本实现了村村通工程，为农村实现农村电子政务的建设提供了基本的硬件保障。在已经建立农村电子政务的农村，有路无车的现象比较普遍。农业网站的建设和农业信息资源的整合显然跟不上农村电子政务硬件的发展，农村电子政务的建设必须要协调好硬件和软件的关系，在农村信息化过程中既要注意路的修建更要注意车的制造，坚持边建设、边应用、边服务，以基础设施建设推动信息资源开发和信息服务的发展，根据信息服务需要促进基础设施建设的完善，达到相互促进的目的。

（四）网络与传统媒体的关系

由于我国农村经济条件限制，主要的信息传递还是依靠传统的媒介广播、电视、报纸等，在农村发展农村电子政务，不能完全抛弃这些传统的媒介。网络和传统的媒介是互补，不是相互排斥，要借助于传统的媒介宣传网络的优势，用网络弥补传统媒介的不足。我国在进行农村电子政务建设时要积极创新，摒弃农村电子政务必须依托计算机和互联网络的观念，在利用计算机和互联网络建立覆盖全国的农村信息网的同时，充分利用传统媒体覆盖面广、直观、传播速度快等优势，双管齐下对农民的信息服务。充分利用好传统媒介，重点解决好广大农村的信息覆盖问题，使网络和传统媒体在农村市场信息服务中优势互补。

第二节 促进农村电子政务及市场化建设的分步策略

电子政务在农村的发展要适应时代潮流，走可持续发展道路，需要肯定市场价值，在公共服务领域引入竞争机制，主要方式是外包，以实现农村电子政务建设资源的有效配置。广大地方政府在市场化建设前必须分析当地政务规模，不是所有的项目都适合市场化建设，国外将政务市场化建设称为"可管理的外包"，分为资源外包和服务外包，根据性质的不同，决定是否外包以及选择何种外包方式。充分发扬主人翁精神，"自己动手，丰衣足食"，开展农村自己的电子政务，自下而上地配合国家进行电子政务建设，才能减小数字鸿沟，使农民充分享受高科技带来的便利及优势，提高经济收入和民主意识，使农村发展在全球信息化浪潮中不被拉大差距及淘汰。

一、农村电子政务的趋势和构建策略

农村电子政务建设是随着农村建设和基层政府功能转变而持续发展的。现阶段，我国农村电子政务发展还处于基础设施建设阶段，要研究其发展趋势，寻求相应构建策略。

（一）农村电子政务发展趋势

随着我国农村经济的发展，农业市场化的加快，特别是社会主义农村的建设，我国农村电子政务将会出现新的格局，具体表现在以下几个方面。

1. 人性化发展趋势

以人为本、社会和谐、可持续发展这些概念，将成为农村电子政务各种系统建设中新的价值追求。随着农村建设的不断深入，农村的和谐、农村的可持续发展，以及以人为本将会对未来我国农村建设走向产生积极的影响，通过农村电子政务各种应用系统的建设和应用，体现以人为本、促进农村和谐、实现农村可持续发展，将成为我国农村电子政务建设和发展中值得探索的新重点。

2. 服务方式转变的趋势

传统的行政管理方式是自上而下、层级制的管理模式，其组织结构呈纵向金字塔形，信息结构也是呈纵向层式的，信息的收集、处理、储存、传递过程呈金字塔形树状结构。随着我国行政管理的不断变革，由传统的金字塔式管理向扁平式管理模式转变。农村电子政务作为管理的一个有效工具必将随着管理方式的转变而转变，农村电子政务服务的模式也将产生新的变革，其形状会由金字塔式渐趋于扁平式的网络化状态。在这种状态中，各个站点都相对独立，其间的等级关系逐步削弱，原来的单线运行变为网状交互运行，组成纵横交错的信息沟通网络，从而克服单一纵向信息结构中信息封锁、信息渠道易于堵塞、传递迟缓等弊端。

3. 社会化趋势

在市场经济发达国家，信息服务是由政府和市场一起进行的，即公益性服务和商业性服务相结合。我国正处在社会主义初级阶段，社会主义市场经济体制发育还不够成熟，信息市场发育还远未完善，农村电子政务的发展还需要国家主导和引导作用。同时，也要看到，在当前和今后一个相当长的时间内，政府在农村信息服务方面不可能包打天下，必须重视发挥市场的作用，走公益性信息服务和商业性信息服务相结合的道路。国家有主导和引导的作用，市场承担提供大量具体信息服务业务的责任。随着时间的推移，政府的主要工作应该是关于信息服务的宏观环境建设与管理，其所提供的公益性信息服务比重趋低，商业性信息服务比重增加，信息服务市场成长趋于成熟，信息服务逐步实现公益性、商业性、社会性。

4. 绿色农村电子政务发展趋势

绿色电子政务的出现为下一个阶段的电子政务研究与建设提供一个新命题。同样,绿色的概念也可以在农村电子政务中得到应用,在农村建设中发展绿色农村电子政务是农村发展的内在要求,也是农村电子政务自身发展的一个趋势。绿色农村电子政务不仅为农村提供绿色的上网环境,还为农村提供环保的上网空间。

(二) 农村电子政务的构建策略

1. 渐进式发展策略

农村电子政务的内容是在从简单到复杂的发展过程中逐步建立和完善起来的,农村电子政务的建设处于起步阶段,在实施过程中,各部门应根据实际情况和自身特点首先选择与服务对象关系密切、社会普遍关注、影响大、效果好、条件具备的热点项目入手,集中力量,做出精品,在试点见到成效后,逐步推开,让农村电子政务在不断发展中完善。因此,我国在发展农村电子政务时应选择"渐进式"的发展战略,逐步推进我国农村电子政务由低级阶段向高级阶段演化。

2. 统一规划的策略

在国家电子政务规划的指导下,尽快制订我国农村电子政务发展整体规划,这是我国农村电子政务发展的关键性问题。由于农村电子政务建设是政府行为,建设资金大多是财政支出,因此,农村电子政务规划必须是计划性的,而不是指导性的。经过政府批准的农村电子政务规划,要像城市建设规划那样,画出"红线图"强制执行。同时,在制订农村电子政务整体发展规划和技术标准时,不仅要进行农村实地调研,还要吸收专家参与,这样才能使农村电子政务规划更具有权威性和前瞻性。

3. 规范化、制度化策略

农村电子政务不是简单实现农村个别农民能够上网,也不是单纯将农村政务电子化,而是根据农村的实际情况进行重构或再造,建立以服务农民为核心的管理模式,实现农村以及基层政府在信息流、工作组合、制度执行、事务控制和时间管理等环节的电子化;对农村电子政务做出规范要求,包括对信息收集、上网等过程要有固定运作程序和明确要求;制定相应的法律法规,让农村电子政务的发展有法律保障,走可持续发展道路;农村电子政务必须与基层相关部门的职能转变和机构改革结合起来,规范政府行为、依法行政、建立公开办事制度。

二、农村电子政务发展的分步策略

在了解当地现实情况和明确农民需求的前提下,结合本地资源和优势。农村电子政务建设目标是对农村人口政务服务的最大化和效率化，其服务对象——农民，主要关心的是能否通过政务系统获得准确及时的科技、市场与公共服务信息，两者目标一致。现阶段农村建设，农民个体更关心的是生产收益，其次是公共服务、民主政治等。因而，在农村电子政务市场化建设中，突出重点，厘清农村电子政务业务范围以信息手段优化政务职能，把惠民措施及其实施执行作为农村电子政务的业务重点，参与到农村建设的各项工作中，保证农村电子政务成为农民办理业务的重要渠道，成为农民和政府交流互动的重要平台，分步推动。

（一）充分利用现有的技术成果，先走第一步

国际上一般把电子政务发展水平划分为信息发布、单向交流、交互沟通、在线处理、网络集成五个阶段。农村电子政务无论从技术，还是从其他角度上看，都不可能一步踏入高级阶段。与其严谨论证如何走好第一步，不如先走出第一步，利用现有的电子政务成果，感受电子政务带来的好处，进而进一步完善发展农村电子政务。当前，国家各级政府及各部门都进行了大量的电子政务、管理系统等的建设。经过简单筛选，村镇先期引进 1~2 套相关软件及设备，试行相关服务，令村民切实感受到电子政务带来的便利，以事实说话，将极大调动村民积极性，促进农村电子政务整体工作的开展。如上海奉贤区江海村试行"农村合作医疗卡"，村民只需在村医疗服务点办理医疗结保手续，就可以报销医药费。而在过去，把发票送到村里，填好单子后还得等两三周的时间。这是上海市开通的第一个由镇延伸到各村的镇村事管理网，试行的良好效果为当地农村电子政务进一步的开展奠定了基础。

（二）"碎步快走"，及时调整建设目标

我国农村各地情况不同，基础条件不同，农村电子政务很难有统一的建设方案，农村电子政务建设时间较短，国内外可借鉴的案例不多。因而，当前农村电子政务正处于"摸石头过河"阶段，总体建设方案很难制定。具体建设过程中，目标要做得长远，坚持"碎步快走"的策略。"碎步"即每一阶段要将目标定得小一点，目标实现起来容易一些，可以尽快见到成效；"快走"即总体建设上，要不断快速地提出新的发展目标、建设计划，尽快发展电子政务，缩小城乡差距。"碎步"，可以充分吸收已有经验，便于资金筹措，周期短，见效快，可以使村民迅速受益，并积极投身此项事业。同时，"碎步"不断调整建设目标，发现问题，及时解决，进行转向。"快走"适应知识经济时代，技术、经济发展飞速，如果不尽快追赶，将进一步加大数字鸿沟，加大城乡差距。随着国家"光纤入村"、"三网合一"等项目建设，农村地区的互联网状况逐渐加强，但仍需清醒地认识到，以农村目前的经济状况，短时间内，电脑等高端设备的普及不现实。随着近年来"村村通"工程推进，农村电话普及率和广播电视覆盖率达到

95%以上。充分利用现有资源，通过对短信服务系统、语音服务系统、电子屏、数字视频播放系统等应用，开发基于手机、座机、电视机等多种方式的电子政务平台，对村民提供各类公共服务，是当前阶段农村电子政务建设的最好方式。

（三）"多点共建、突出重点"，加快发展步伐

农村电子政务建设初期，与国家整体电子政务"先政务后商务"策略应略有不同，走"多点共建，突出重点"更符合农村实际。农村是农民生产、生活的区域，随着生活水平逐渐提高，农村政治、经济、文化、社会管理等方面协调发展，才能达到农村和谐发展的目标。农村电子政务内容建设涉及面广，通盘考虑对政治、经济、文化等的促进作用，"多点共建"，以便达到最佳效果。但是，由于受基础条件制约，在建设前期，还需要突出"重点"。当前，农民更关心的是加强生产，提高收益问题，其次才是民主政治、公共服务等问题。因而，农村电子政务建设初期，在管理、经济、文化同时共建的总体框架下，应重点突出，先从农业信息服务、招商引资、生态旅游宣传等经济服务方面着手，尽快让农民接触信息化，并从中得到实惠。同时，通过经济发展，为电子政务进一步建设筹措资金。在经济服务取得一定效果后，再开展政治服务、文化服务方面的电子政务项目建设，将取得更好的效果。当前，国家正在大力加强电子政务建设，推动农业、农村信息化进程。农村自下而上进行农村电子政务建设过程中，应该时刻关注国家建设进程及相关政策，充分利用国家提供的各类优惠措施，推进电子政务建设。同时，加强与高校、科研院所、企业等的合作，充分利用其特有优势，在信息化人才培养、建设规划、新技术应用、资金引进等方面，寻求其合作与帮助。

三、促进农村电子政务及市场化建设的分步策略

我国是世界上人口最多的发展中农业大国，农村区域占全国绝大部分面积，农村人口也仍占总人口的半数左右，农村的发展情况直接影响着我国的现代化进度。以面向需求作为出发点和落脚点，结合实际，探索农村电子政务建设中运用市场机制的可行性与必要性，对农村电子政务建设中政府机制与市场机制进行均衡分析，着重探讨农村电子政务中运用市场机制。农村电子政务市场化建设是政府中负责电子政务项目建设的涉农政府经管机构，为提高运作效益，将其权利如方案制订、创办、实施、监控、运行等委托给专业部门实施，还有为项目筹备资金、传达数据、建立运作系统及完善，研究市场化建设中监督与管理等。

（一）建立健全农村电子政务市场化建设基本法规与制度

外部环境的完善会对电子政务市场化建设产生积极的影响，电子政务市场化建设的技术标准化和业务规范化对于电子政务市场化的可持续发展具有十分重要

的意义。因此，要尽快制定我国电子政务向市场化发展的整体规划和相关技术标准，为外包提供法制基础。由政府出面，在国家与地方之间、上下级部门之间、不同部门之间进行统一协调，建立全国统一的较高层的信息应用平台，确保农村电子政务建设中对政府和运营企业行为的规范和约束，防止行政权力对农村电子政务建设的阻碍，以最大限度地实现系统资源共享和互操作。

（二）加强政府部门在农村电子政务市场化建设的管理和监控

管理与技术的因素是我国电子政务市场化成功建设的关键，当前制约我国电子政务市场化建设的首要问题是技术管理水平和技术开发能力问题，包括项目组内部的管理和项目组成员的经验等。此种情况下，使用更通用的建设方案是非常重要的，项目建设的质量不仅取决于开发者的水平，还与应用数目有关。建立有效的沟通机制，可以获取更多的有关项目建设的信息，使政府部门对激励机制的设计更具科学性，减少运营企业把低利润的产出归咎于不利的外生影响机会，增强激励强度和减少代理成本。在第三方参与项目的情况下，要及时和咨询或监理方进行沟通，并做好备案，降低农村电子政务建设中的成本系数，而不影响企业提供电子政务服务的质量。专业化的 IT 运营企业承接，在保证政府集中精力做好本职工作的同时，为国内信息产业的发展提供机会。同时，在外包合同的协商过程中，根据双方的实力，设计激励与约束机制，明确规定双方的权利和义务，制订并共同遵守关于电子政务外包项目的完成期限、质量、标准、服务等规定。特别是提供商应积极按合同要求完成承包任务，并提供优质的售后服务和强大的技术保障，如电子政务投入运营之后的日常维护与升级，促使政府与服务提供商之间建立起相互信任、协作分工的伙伴关系。

（三）鼓励和引导合作行为

结合我国农村多态化的实际，依据信息化建设的"整体规划、分步实施、适用超前、资源社会化"的特点，考虑到技术的演进——专业化、云服务化、大数据、智慧化的趋势，在农村电子政务建设中引入市场化机制，即在农村电子政务建设中选择多组织参与农村电子政务建设，吸引市场中电子政务项目建设主体的投入，对电子政务系统进行建设，将农村电子政务建设的项目外包给市场中可以进行电子政务系统建设的系统设计开发商和项目集成商。项目双方的协作在电子政务市场化建设中至关重要，政府和开发商的参与人员，尤其是项目经理的沟通非常重要，项目前期要描绘项目的前景、采用的技术方案以及原因，项目中期采用正规的项目管理方法，及时跟踪客户意见，形成正式文档；项目后期要慎重，在前期规范的基础上，对项目开发的最终成果不宜进行大的改动。

第三节 面向需求的农村电子政务的市场化建设顶层设计

设计是一种有目标和计划的创作行为。"顶层设计"本意是指自高端开始的总体构想,源于系统工程学领域的自顶向下设计(Top – down Design)。1969年,IBM研究员Nik laus Wirth提出采用"自顶向下逐步求精、分而治之"的原则进行大型程序的设计,即从需要解决的问题出发,自顶向下将复杂问题逐步分解成一个个相对独立的子问题,每个子问题可以再进一步分解,直到问题简单到可以很容易地解决。20世纪70年代,沃斯与同事哈兰·米尔斯(Harlan Mills)共同提出"自顶向下设计"的概念,随后该概念被西方国家广泛用于军事和社会学领域,甚至成为政府统筹制定国家发展战略的重要分析方法。

"顶层设计"现已成为一个被各行各业广泛使用的名词,对其概念的理解略有不同。几种有代表性的定义包括:①顶层设计是一个工程学概念,本义是统筹考虑项目各层次和各要素,追根溯源,统揽全局,在最高层次上寻求问题的解决之道;②顶层设计是运用系统论的方法,从全局的角度,对某项任务或者某个项目的各方面、各层次、各要素统筹规划,以集中有效资源,高效快捷地实现目标;③顶层设计是一项工程"整体理念"的具体化,例如,要完成某一项大工程,就要实现理念一致、功能协调、结构统一、资源共享、部件标准化等系统论的方法,从全局视觉出发,对项目的各个层次、要素进行统筹考虑;④顶层设计通俗地讲就是指价值理念与操作实践之间的蓝图。以上定义的共同点均强调从全局的角度进行统筹考虑。事实上,顶层设计代表的是一种系统论思想和全局观念,其主要特征有三个:一是顶层决定性,顶层设计是自高端向低端展开的设计方法,核心理念与目标都源自顶层,因此顶层决定底层,高端决定低端;二是整体关联性,顶层设计强调设计对象内部要素之间围绕核心理念和顶层目标所形成的关联、匹配与有机衔接;三是实际可操作性,设计的基本要求是表述简洁明确,设计成果具备实践可行性,因此顶层设计成果应是可实施、可操作的。基于以上分析,顶层设计是指从全局视角出发,围绕着某个对象的核心目标,统筹考虑和协调对象的各方面及各要素,对对象的基本架构及要素间运作机制进行总体的、全面的规划和设计。

我国电子政务领域的专家学者十分关注顶层设计,在农村电子政务领域引入顶层设计的呼声越来越高。汪玉凯等积极倡导开展此项工作,并对"顶层设计"

进行了不同界定。杨学山认为，顶层设计是一个不定的概念，它随着设计问题的对象而发生变化，顶层设计有三个基本要素：第一个要素是制定方法论；第二个要素在概念层级上是顶层，而不是底层和中间层；第三个要素是设计，设计最起码有两个基本的含义，第一个含义是清晰的，因为设计如果不清晰就说不上是设计，第二个含义是可以实施的。汪玉凯认为，顶层设计思想是一个地方电子政务总体规划的具体化，是总体规划的一种实现手段。宁家骏认为，顶层设计就是架构设计。电子政务顶层设计的基本内容就是电子政务建设的基本问题进行总体的、全面的设计，包括政务层面的内容，行政管理体制、政府职能及具体业务类型之间的关系；也包括技术层面的内容，网络建设、安全管理、信息资源建设与绩效管理等。肖能德、李恩敬认为，电子政务顶层设计是利用系统论的方法，围绕电子政务中的业务和技术，理解和分析影响电子政务的各种关系，从全局的视角出发，围绕着政务核心目标，对电子政务建设的基本需求进行总体的、全面的设计，确保理论一致、标准统一、功能协调、结构稳定、资源共享，从而建立政府信息化的总体架构。樊博、孟庆国认为，电子政务的顶层设计是突破条、块和机构的限制，将整个大政府视为一个有机的整体，规划全局性的、集成化的电子政务信息体系架构，从而加强整个政府各部分之间的交互能力，使得政府转换为一个以服务为中心，而不是以政府职能部门为中心的电子政府架构。以上定义有的是从内涵分析的角度界定电子政务顶层设计，有的是从功能定位的角度认识顶层设计，还有的是从设计内容的角度认识顶层设计。由此可见，目前国内对电子政务顶层设计的定义还未统一，对顶层设计内涵的认识还较为笼统。

一、满足公众服务需求的农村电子政务顶层设计

农村电子政务建设正在进入全面、系统推进的新阶段，方方面面都需要相互协调和配合。

一是从政务管理的全局看，只有对党委、人大、政府、政协、法院、检察院的电子政务建设进行统筹协调和整体规划，建立彼此之间有效的协同和关联，才能保障党对国家各类重要信息的收集、汇总和分析能力，才能控制与经济发展和社会管理相关的各类信息，有效提升党的执政能力。

二是从投入管理看，农村电子政务工程建设缺乏总体布局，多头立项、多头审批问题较为普遍，造成重复建设、资金浪费。

三是从业务系统建设看，农村电子政务业务系统大部分为部门、局部的单项应用，真正以建设服务型政府为目标的流程再造、业务协同和模式创新的应用不多。

四是从条块关系看，纵向延伸的部门条线本位与地方政府要求建设集约化统

一平台之间难以协调的矛盾已经成为电子政务管理中最为棘手的问题,中央各行业部门都有强化其业务系统和网络向地方基层延伸的动力,这些网络延伸到地方后造成严重的重复建设、资源浪费,信息多头重复采集、利用成本升高,地方财力负担很大。

所有这些问题的核心是推动我国农村电子政务从以部门或局部为中心的分散化建设向以服务对象为中心的集约化发展方向转变,从而形成统筹发展的格局。顶层设计代表的是一种系统论思想和全局规划方法,农村电子政务顶层设计就要对电子政务这个大系统进行整体布局,使得系统内各种要素能够有效组合运行。中国还缺乏指导电子政务从政务使命、绩效目标、业务规划到技术实现的规范的顶层设计体系,加快顶层设计的研究和探索工作十分迫切。

(一)满足统一方法论的指导与支撑需求

网络基础设施已基本全覆盖,电子政务网络覆盖所有省(自治区、直辖市)、90%以上的市(盟)和80%以上的县(市、区)。中办、国办联合加快推进政务内网建设,制订内网建设规划,推动互联互通。政务外网连接75个中央单位,承载20余项重要业务应用。大多数省份已建成省、市、县三级电子政务网络。基础设施的基本覆盖给农村电子政务发展提出新的要求,即顶层设计需要有方法论的支撑。电子政务是包含党委、人大、政府、政协、法院、检察院六大系统在内的大系统,不发达非发达地区农村电子政务顶层设计,抑或是某个方面的农村电子政务顶层设计,都将面对极其复杂的纵横关系,涉及众多部门和机构,考虑战略目标、业务、数据、技术等诸多内容。因此,顶层设计要有统一方法论的指导和支撑,为公众提供更好、更便捷的服务。

(二)满足建立合理的条块协调机制需求

各级政务部门核心业务信息化覆盖率大幅提高,中央政府各部委办公业务信息化覆盖率从2001年的不到10%提高到2015年底的100%,海关、税务、公安、国土、金融监管、社会保障等重点领域核心业务信息化覆盖率近90%。东部发达地区省、市级政务部门核心业务信息化覆盖率普遍超过80%;中西部省、市级政务部门核心业务信息化覆盖率接近50%。在核心业务信息化应用方面,我国用10年时间走完了欧美发达国家20~30年的路程。然而,目前我国农村电子政务建设"条强块弱"问题非常明显,横向部门之间缺乏有效的业务协同和信息共享是农村电子政务发展的显著特点。电子政务的健康发展需要一种合理的条块协调机制,在保障条线业务顺利开展的同时,促进横向共享和协同。

(三)满足技术应用体系的需求

把顶层设计与底层参与有机结合,自顶向下,逐步求精,找准面向公共服务电子政务体系的具体需求,理清业务与服务边界和范围,提高电子政务的经济效益和电子政务公共服务能力明显提升。政府网站基本普及，服务水平不断增强，全国建设农村政务服务大厅（中心）4500个，实现信息化支撑，各类呼叫中心广泛应用，移动政务应用开始起步。农村电子政务服务普及，涌现出求助服务中心等典型成功应用，金农工程和农村党员远程教育系统推动农村信息服务体系建设，农村为民服务的能力明显提高。

（四）满足电子政务政策环境的需求

中央层面先后颁布了《国家信息化领导小组关于中国电子政务建设指导意见》和《国家电子政务总体框架》，在政府网站、统一网络平台、标准规范、安全保障、投资管理等方面出台一系列政策措施。总体上，电子政务建设在组织保障、人才体系、基础设施、重点应用、产业支撑等各方面都具备一定的基础，电子政务顶层设计发展的成效日渐显现，我国农村电子政务建设站上一个新的历史起点上。

二、顶层设计满足公众服务需求的表现

在指导方针上，坚持转变电子政务发展方式，发挥应用成效，服务经济结构调整、改善民生、创新社会管理，使科学发展观贯穿电子政务发展全过程；内容提供上，坚持统筹兼顾，突出重点，推进国家级全民健康保障、住房保障、社会保障、药品安全监管、食品安全监管、能源安全、安全生产监管、市场价格监管、金融监管、社会信用体系10项重点工程建设；实现路径上，解决体制机制性障碍和发展中的矛盾。大力提升政务与技术融合程度，改变以往统筹不足、政出多门、分散建设、低水平重复等现象，不断提高电子政务公共服务水平和政府信息资源开发利用能力。

（一）坚持"客户导向"理念

树立以客户为中心的理念，推动政务服务的有效整合。政府在依法履行职能时要以客户为导向，提高服务质量，向客户提供多样化和个性化的产品和服务，增强政务的公开性和公众的参与度。客户导向的电子政务体系设计要充分研究和总结基于客户导向电子政务公共服务用户分组、多途径查询、公众互动、个性化服务、信息无障碍服务等构成要件，实现政府从单一门户到高效网站集群的转变，从技术孤岛到整体系统的转变，从内部处理到对外服务的转变。这其中，一要加强外部客户特别是企业与公众的需求行为分析，二要注重外部客户的群体特征分析与个体差异性分析，三要重视内部客户的需求。

（二）强化基层政府职能完整性和责权利的统一

推动公共服务一体化，公共服务的实践历来按照行政层级和属地化原则进行管理。电子政务是基层政府改革行政管理体制、构建公共服务体系的有效载体。

基层政府电子政务应用直接面向公众的公共服务需求,以保证公民的知情权、表达权、参与权和监督权为根本宗旨。因此,准确界定各级政府部门的行政权力,推行公共服务一体化既有利于澄清公共服务提供者的指向和公共服务的获取方式,也有效地遏制了过去在公共服务领域的"政出多门"和相互扯皮的现象。通过省、市、县、乡四级政府信息公开平台,将政务公开与公共服务延伸到基层,依托县级政府电子政务公共基础设施,开展民政、计生、劳动、教育、卫生、公安、农业等政务服务应用,在乡镇、街道、社区设立便民服务中心和服务大厅,实现政府社会管理与社区公共服务一体化。为社会公众提供方便优质、多方式全方位的服务,提高基层服务水平,促进基本公共服务均等化。

重组政务业务流程,建立适合公共服务的电子政务流程体系。由于政府提供公共产品的特殊性,政务流程的价值判断标准主要基于信息和服务的增值及行政效率。面向公共服务的政务流程可以看作是政府面对一个用户"订单"完成生产的过程。在构建面向公共服务的电子政务体系时,按政府服务主题进行细致分类的方法进行政务流程再造。

一是确定公共服务的优先顺序,不同的公共服务优先顺序直接影响公共服务效果,甚至成为政府部门拒绝提供公共服务的借口。对政务流程政务活动的参与者、活动的目标、活动的数量、活动持续的时间、结果等要素进行重新梳理和排序。

二是规范政务业务流程、对流程的改进、流程的再组织、流程的再设计、流程的再定位、流程的再生等环节进行有效的控制。

三是实现以数据响应为核心的政务协同,电子政务流程需要打破部门界限,实现跨部门的应用和对接,最终形成一体化的政务处理。基于顶层设计理念的自上而下的政务流程设计将促进政府信息流转。

(三) 完善电子政务有效合作服务的组织结构

促进政府、企业和社会组织的协作,完善电子政务有效合作服务的组织结构。政府作为公共服务的主要提供者,随着公共管理改革的不断深入,政府部门内部提供公共服务的方式也发生了变化。政府大大缩小提供公共服务的范围,国有企业、事业单位提供公共服务也在改变。由于各方很难彼此协调,产生互动,政府常常被看成随意型和缺乏回应型,企业被看成开拓型和贪婪型,社会组织被看成挑衅型和自我扩张型。所有这些都是因各方互不熟识而产生误解的结果。因此,特别是在经济转型国家,各方人员都应该本着协作精神通力合作,以便于分享思路,最大限度地使用好资源。公共服务的合作服务、市场化供给是未来发展方向。促进有效合作服务的最重要结构是强政府、强企业搭配活力充沛的社会组织。除了在公共部门内部提供公共服务以外,通过政府和非营利组织的合作来改善公共服务、政府与市场的合作模式。引入非营利组织（比如协会、社团组织等），允许民间资本进入，用市场化的机制，借助市场化力量改善电子政务公共服务的有效供给。

（四）确立面向公众服务的电子政务绩效评估体系

互联网环境下政府执政能力的建设要义在于以更好的公共服务实现最佳的监管绩效。发展面向公共服务的电子政务为行政管理体制改革提供了外部动力，奠定了服务型政府建设的技术基础和社会基础。将面向公共服务的电子政务绩效评估体系的研究纳入统一的体系框架下是今后电子政务发展过程中实现服务改进的主要保障措施。然而，对电子政务建设与发展进行客观、公正、准确的评价时因各地的发展程度和发展水平不同，评估工作可以根据不同服务对象、范围，灵活采取多种形式。一是内外评估的结合；二是引入第三方进行公众满意度评价、系统成熟度评估和服务完整度测评；三是建立和完善基于服务改进的电子政务公共服务的反馈机制、回应机制，将电子政务绩效评估结果及时反馈到政府绩效考核中。

（五）实现信息共享和业务协同

顶层设计在解决跨部门协同问题上效果显著。当前农村政府行政效能提高的关键越来越表现为部门之间协同问题，在经济调节、市场监管、社会管理和公共服务各个领域，协同问题变得越来越突出。在经济调节领域，部门之间数据打架现象时有发生，统计数据与经济实际运行状况不符广受社会质疑，政府公信力遭到极大伤害；在市场监管领域，综合治税、社会信用、食品药品监管、环境保护等工作都需要从根本上解决跨部门信息共享问题；在社会管理领域，流动人口管理、社会保障人群管理、社会治安管理等都要依赖人口、企业法人、金融、工商、地理空间等国家重大基础信息库的建设；在公共服务领域，为公众提供"一站式"、一体化、便捷、高效的窗口服务和网站服务都需要在业务后台实现共享协同。由此可见，提高行政效能面临的新问题对政务信息共享和业务协同提出了内在、客观的要求，迫切需要从顶层和全局的角度对电子政务进行顶层规划及统筹管理。

三、基于公众服务需求的电子政务顶层设计实践

以业务驱动的设计方式可以把相关的业务、数据等信息直接与业务活动关联起来，减少了数据分析的烦琐性。目前，绝大多数中央部委和省级政府部门的核心业务都有数据库支撑，核心业务数据库覆盖率在80%以上。国家人口数据库、企业法人数据库、社团和事业单位信息库、统计信息库等一批重要的基础信息库基本建成。此外，金融、税收、质检、社保、教育等关键领域也都建成了一大批

信息库。这些信息库已经成为中国政府的重要基本信息资源。以业务为驱动的顶层设计的理念是以终端需求为中心的设计思路。它主要强调业务如何更好地满足业务组织内部和终端的要求。业务活动是组织中数据的最基本源头，只有充分了解和搞清组织的业务活动，才能比较准确地把握数据内容和要求。以业务为驱动的设计方法是一种自上而下的设计方法，它可以完全按照终端的需求进行业务设计、流程优化以及标准化。

（一）顶层设计的基本思路

农村电子政务顶层设计的总体方案其总体思路是，首先设计出电子政务发展的总体架构，并以此为建设蓝图，提出包含业务模型、服务构件模型、数据模型、技术模型和绩效模型在内的电子政务顶层设计总体模型。总体模型是总体架构的实现工具和手段，以业务为重点，从对政府各种行政业务的清晰划分和定义出发，进而延伸到服务分解、技术重用、数据共享、绩效考评等各个层次。总体模型中五大模型的设计可很好地借鉴美国 FEA 的设计思路，特别是在业务模型的构建中，引用联邦政府总体架构（Federal Enterprise Architecture，FEA）的"业务线"和"业务域"概念，在政府业务流程再造的基础上，整体规划电子政务的"业务领域"和"业务线"实现面向业务线的应用集成和面向业务域的农村电子政务系统整合。

（二）以公众服务需求为中心的核心内容

农村电子政务进入深化应用和全面支撑服务型政府建设的新阶段，其所构建的电子政务总体架构体现以社会公众需求为中心的服务理念。因此，在农村电子政务发展战略指导下，结合农村电子政务需求实际，提出电子政务总体架构。该总体架构由服务交互层、应用层、支撑层、信息资源层、基础设施层共5层架构组成，管理体系和安全体系贯穿其中以保障业务的正常有效运转，这一总体架构颠覆了传统的政府模式，真正实现以公众（个人、法人）服务为核心和出发点，整合后台政府职能和业务流程，提高政府信息资源的集中共享，形成公众导向的服务提供机制。服务交互层突出为农村、农业、农民提供服务；应用层强调以政府责任（经济发展、社会服务、城市发展、公共安全）为目标，以社会需求为中心，以业务流程为导向，整合政府职能和业务流程，形成顺畅、严密、高效、简便的服务流程；支撑层强调公共服务模块化；信息资源层强调信息资源的集中共享；基础设施层坚持在现有网络架构的基础上形成电子政务云中心；管理体系和安全体系为架构的有效运作提供有力保障。

总体架构是农村电子政务总建设蓝图，为便于其细化和具体实施，以电子政务顶层设计总模型作为工具和实现手段，业务模型是整个顶层设计的核心和基础，其最大特点是在描述政府业务时以政府业务或具体服务为中心进行职能梳理,而不涉及执行业务的部门,促进部门之间协作;服务构件模型为业务的实现提供了通用服务构件模块;数据模型是支撑业务流程中数据资源交换和共享的构件和标准;技术模型用来指导更底层与业务或技术功能有关的通用规范框架,是实现业务流程及服务构件需要遵循的规范体系;绩效模型与顶层设计模型体系相互影响,由业务驱动,又通过投入、输出、产出贡献的测评不断改进业务模型及其他相关的构件和技术模型,提供了政府业务、绩效和技术的定义与框架,作为改进现有业务流程、提高业务能力、优化服务构建技术和数据模型的基础。

（三）系统的业务梳理

在业务模型的设计过程中,通过对业务职能进行聚类、整合和梳理,形成农村电子政务政府业务树。业务树从业务应用、业务支撑、基础支撑三个大类入手,将政府业务职能进行了7级分类,作为后期业务线和业务域提炼的基础。以梳理出的政府核心业务为基础,顶层设计研究共提炼出133条跨部门、跨业务的业务线,整合出13个"面向服务对象"的业务域和38个"面向业务职能"的业务域。这些业务线和业务域真正体现了电子政务建设的需求和方向,是业务流程再造和服务整合方面的创新。业务梳理和业务模型突破了部门的界限,确保以公众需求为中心实现部门间更好的业务协同和信息共享。

（四）基于业务模型的项目分析

按照业务模型分析农村电子政务项目建设现状,电子政务项目建设需要以业务需求为出发点和导向。为此,对电子政务项目所覆盖的"业务线"和业务领域进行了调查分析,总结出农村电子政务项目建设的特点和今后重点发展方向,探索出以"业务线"和"业务域"为主要参考依据的典型业务领域项目群分析方法,即"业务线"为参考,突破部门界限,选取跨部门业务协同项目或平台;以"业务域"为依据,选择农村电子政务总体架构的服务交互层及应用层中的典型业务域进行分析,紧紧围绕业务模型中的业务线和业务域进行电子政务项目分析,促进顶层设计模型的应用,更重要的是为今后电子政务项目建设指明了方向,便于发现各部门业务协同和整合的机遇。

第四节 面向公众需求的电子政务服务性评价

随着信息化建设的快速发展,农村电子政务被各级政府所重视,农村电子政务是农业信息化的基础、是新农村建设过程中的重要工作,通过实施电子政务系统构建一个精简、高效、廉洁、工作的政府运作模式,提高政府工作效率、降低政府的施政成本、增强政府工作透明度、塑造政府崭新形象。电子政务建设发展到今天，面对农业和农民对信息化需求的进一步加剧，作为直接服务于农民的政府机构，应让农村电子政务更好地服务于民众，让老百姓接触到电子政务，消除已经存在很长时间的农业信息化"最后一公里"的现象。通过新农村电子政务市场化建设，进一步扩大电子政务的使用范围，解决现行农村电子政务建设过程中的问题，充分发挥农村电子政务功能和作用。

一、面向公众需求的电子政务服务性评价指标体系构建依据

国家建设电子政务的目的是向社会提供优质、规范、透明的管理与服务，而服务却是无形的，有难以测量和难以量化的特性。按照管理主义科学和理性的要求，"为服务的测量设计出一套可以量化的指标的努力一般来说是徒劳的"必须明确面向公共需求的电子政务服务性评估指标体系的构建依据。

（一）政府管理服务职能

电子政务平台能够为公众提供不受时间空间限制的、全面的、自助的、职能的、个性化的服务，服务是在政府以职能为重心制度整合、组织机构整合、业务整合和流程再造的前提基础之上利用网络信息技术提供的。政府职能是确定电子政务的功能和内容的依据。反之，政府职能又会以各种形式反映在电子政务提供的公共服务上。可见，电子政务的服务性功能和内容与政府职能之间是载体与内容的关系，难以割裂。然而，政府职能不是一成不变的，政府职能即政府职责和功能会随着客观条件的变化发生相应的转换、变化和发展。该客观条件主要包含是否适应国家、国家形态、国家的发展阶段。因此，要构建电子政务服务性评价指标体系，一方面，必须明确在政府职能演进的过程中，政府服务的职能有哪些，哪些能在网上实现，又有哪些实现的服务职能能有效实现；另一方面，还需要明确电子政务的服务职能应有哪些，现在要实现哪些，将来要实现哪些，现在实现的哪些能测量，未来实现的如何测量，以使指标体系能够真正做到既基于现实又适当前瞻。

（二）社会公众的服务需求

由于电子政务的服务性建设理念强调以公众为中心，即电子政务建设要聚焦到服务的接受者身上。服务需求是针对政府提供的公共服务公众合理的利益诉求。广义上，公众可以划分为以下三类：一是政府的项目、服务或产品的接受者，狭义上的公众；二是非营利组织中为社会提供项目、服务或产品的人或单位；三是与政府部门合作提供项目、服务或产品的其他组织或机构。需求又分为不同的层次，心理学家马斯洛把需求分为五个层次：生理需求、安全需求、社交需求、尊重需求和自我实现的需求。马斯洛还指出，随着社会发展以及个体低层

次需求的相对满足，需求呈现出从低层次到高层次发展进化的层次规律性。对整个社会而言，公众需求会随着政治、经济、文化的发展不断调整变化。社会公众的服务需求要求各级政府积极应对公众需求，不断调整公共服务的内容和功能，构建电子政务服务性评价指标体系需要不同类型的公众需求，充分考虑当前及今后一段时间公众对电子政务服务的需求。

（三）政策文件和法律法规

党的十六大报告明确提出，"大力推进信息化，加快建设现代化"，"坚持以信息化带动工业化，以工业化促进信息化"。为加快我国的信息化与电子政务建设进程，中共中央办公厅、国务院办公厅先后印发了《关于我国电子政务建设指导意见》、《关于加强信息安全保障工作的意见》、《2006～2020年国家信息化发展战略》、《国务院办公厅转发全国政务公开领导小组关于开展依托电子政务平台加强县级政府政务公开和政务服务试点工作意见的通知》和《国务院办公厅关于印发2012年政府信息公开重点工作安排的通知》等一系列重要文件，明确我国的信息化与电子政务建设的指导思想、目标任务和发展战略。文件的出台，有力地推进信息化与电子政务建设的同时，为电子政务的规范发展提供了导向。此外，我国陆续出台并实施一系列与电子政务建设相关的法律法规，如《中华人民共和国信息公开条例》、《中华人民共和国保守国家秘密法》等，这些法律法规的出台，是通过引入国家强制力的保障手段，充分发挥政府信息对社会和公众的服务作用，促进电子政务服务性向纵深发展，这些政府文件和法律法规是选取电子政务评估指标的重要依据。

（四）信息技术发展

电子政务作为网络时代的信息产物，在其发展中也需要面对可能发生的新科技革命，利用先进的信息技术不断拓展电子政务信息服务广度、提供跨部门、跨系统应用服务复杂程度和加强与公众互动服务整合服务深度。信息技术有助于电子政务的服务能力的提高、服务理念的落实和服务创新。随着4G技术的推广，手机作为网络终端使用更为便利，因此未来电子政务将会开设更多的移动终端，将会走进每个人的"口袋"，用户通过手机直接访问WAP站点获得丰富的信息资源和多种应用服务，真正做到随时随地享受政府提供的公共服务，充分体现了政府为民服务"从被动变主动"的服务理念。技术创新不仅能够引导公众需求，而且为公众需求的满足提供技术支撑。在构建面向电子政务的服务性绩效评估指标体系时，要关注信息技术的发展状况，考察电子政务是否为提升服务品质、拓宽服务范围做出技术努力。

二、面向公众需求的电子政务服务性评价指标的确定和体系构建

电子政务的发展与公众需求层次变化紧密联系，政府根据公众的不同需求情

况提供定制服务,把公众的相关数据集中到数据仓库,采用数据采掘技术从大量数据中提取,把数据转化为对公众的认知,增进政府对公众了解,培养政府与公众之间个性化的关系,提供"一站式"甚至"一对一"的政府服务。了解公众需求并对公众进行细分,是一项面向公众需求的电子政务所必需的前期工作,要求在公众细分的基础上,要把所能提供的信息和服务进一步细分,结合细分后的公众需求,有针对性地提供个性化的信息和服务。

(一)指标的确立与划分依据

根据对现阶段我国电子政务发展现状和发展前景分析,参照学习美国埃森哲公司的电子政务评价指标体系架构如表7-1所示,从三个指标层次设计指标体系框架,采用总体服务成熟度来考察电子政务的服务水平,包括客户关系管理(CRM)和服务成熟度两个指标,在比重分配方面,客户关系管理占30%,服务成熟度占70%。埃森哲公司电子政务测评指标体系架构清楚明了,层次明晰,突出重点和核心。

表7-1 埃森哲公司电子政务测评指标体系架构

一级指标	二级指标	三级指标
整体成熟度	服务成熟度(70%)	服务宽度
		服务深度
	CRM(30%)	可识别性
		客户建议性
		组织结构
		交互性
		网络连通性

学习采用三个层次即目标层、准则层、战略指标层设计面向公众需求的电子政务服务性评价指标体系基本框架,其中:目标层是指所要达到的总目标,是从社会公众角度准确衡量当前电子政务所提供的公共服务,所产生的社会效益,为政府部门制定电子政务发展决策、实施电子政务管理行为提供参考依据;准则层是指为评价电子政务的基本衡量维度,包括系统成熟度、服务效率和公众满意度在内的3个维度;指标层是在基本衡量维度下细分的基本评价指标集合,如表7-2所示。

表7-2 面向公众需求的电子政务服务性评价指标体系及主要内容

目标层	准则层	指标层	具体指标
满足公众需求的电子政务服务	系统成熟度	以公众为中心	①服务对象细分的程度 ②提供个性化服务 ③把握公众的需求 ④对公众进行了解及了解程度
		沟通渠道的多样性	①电话、信件、传真等传统方式 ②电子邮件、在线联系等网络互动方式 ③微博、微信等电子平台方式
		政府网站建设	①流程介绍及帮助提示 ②相关表格的下载和填写 ③浏览即时信息 ④在线咨询 ⑤网站快速解决问题和回复 ⑥信息公开透明度 ⑦网站利用程度 ⑧网站公共参与度 ⑨网站在何种程度下都是安全的及可以保护用户信息的
		统一规范	①服务栏目名字的一致性 ②信息的共享性 ③检索和维护的方便性 ④数据库的统一性 ⑤统一的电子政务实施标准 ⑥相关法律的存在性
	服务效率	职能方面	①政府职能的转变 ②流程再造 ③信息整合 ④政府形象的转变
		公众方面	①参政议政的比率 ②公众成本的节约 ③公众效率的提高 ④自主意识的提升
		效益方面	①政府运行成本的节约 ②政府工作效率的提高

续表

目标层	准则层	指标层	具体指标
满足公众需求的电子政务服务	公众满意度	公众认可度	①支持电子政务意愿 ②使用电子政务服务的意愿
		公众认知度	①对电子政务服务的熟悉程度 ②对电子政务功能的认知
		公众信任度	①对电子政务建设的信心 ②对电子政务的支持
		公众使用度	①使用服务项目的频率 ②使用服务项目的数量 ③使用服务项目的时间长短

电子政务系统是电子政务评估体系中的基建工作，提供公共服务的载体，是每一个电子政务评估指标体系中必不可少和最基础的指标内容。系统成熟度包含四个指标：以公众为中心、渠道多样性、政府网站建设、统一规范。系统成熟度的设置是将公共服务载体和体系指标构建依据中的政策文件和法律规范、信息技术发展状况综合考虑的结果。服务效率是依据政府管理服务职能设置，具体包括职能方面、公众方面和效益方面3个战略指标。这3个战略指标主要是根据公共服务的提供方政府、公共服务的接收方公众和服务效果效益设定而成。

1. 系统成熟度指标

用电子政务系统成熟度衡量电子政务绩效。电子政务系统越成熟，越能更好地为社会大众进行服务。判断电子政务系统是否成熟、成熟程度的标准分为四类。

首先，以公众为中心。切记不能忽略从职能型政府向服务型政府这一转变过程中电子政务的核心"客户"是公众，而不是政府自身这一重要指导思想。

其次，沟通渠道多。这样才能最大限度地保证在任何时间任何地点为任何一个有需要的"客户"提供服务。

再次，政府网站建设。这是电子政务中政府的门面，对于促进服务型政府的建设发挥着重大作用，各级政府要对自己的门户网站进行改进和完善。

最后，统一的规范。规范的不统一必然造成数据与信息沟通不畅，解决信息互通障碍也是构建服务型政府的重要议题。

（1）以公众为中心。以公众为中心是用于反映电子政务服务有没有贯彻以公众为中心的原则，反映政府所做的一切是不是首先以公众的利益为出发点。具体包括将社会公众细分为多少类，是不是为不同的服务对象提供个性化的服务，能不能把握公众的需求,是不是对不同的服务对象都进行了详细的了解。企业实施以客户为中心战略已经成为共识。传统的政府的工作方式和工作流程都是以政府机构自身和职能为中心的,企业和公众围绕政府部门转。企业和社会公众为办成一件事,必须先了解各政府部门的职能、权限、处室及其分工,然后一个个部门报请审批。这样的办事流程造成了找政府部门办事难,行政效率低的现象。而电子政务的本质是以网络为工具,以公众为中心;以应用为灵魂,以服务社会为目的。面向公众服务的电子政务工作模式,是要以公众的需求为出发点,是政府要围着公众的需求而提供服务。这样公众就可以任何时间、任何地点、任意方式使用政府的网上办事服务。电子政务只有以公众需求为中心,公众才能真正体会到政府提供的服务,得到最大的方便和实惠。以公众为中心的战略指标是系统成熟度这一准则层中的重中之重。

(2)沟通渠道的多样性。沟通渠道的多样性指标是用于反映政府和公众进行沟通的方式是不是多样的,能不能让每一类服务对象都能与政府沟通。具体的沟通方式有电话、信件、传真、电子邮件、在线联系、微博、微信等。沟通渠道的多样性能够促进政府和公众之间的互动。完善公众利益表达渠道,减少社会不稳定因素:通过开展电子政务,着力推进网上信访工作,为群众表达意愿和诉求提供有效平台,畅通社情民意的反映渠道,从而对那些涉及可能引发群体性事件信息,及时做好前期的应对处置,以减少社会潜在的不稳定因素。

(3)政府网站建设。政府网站建设指标是为了反映政府网站建设和利用的理想程度。具体包括是否有相关的流程介绍及帮助提示,是否有相关表格的下载和填写,能否浏览即时信息,是否有在线咨询功能和网上快速解决问题和回复的能力,还包括信息公开的透明度,网站利用程度和网站公众的参与度,网站在何种程度下都是安全的及可以保护用户信息的。政府网站作为政府部门是为履行服务职能和向社会公众提供公共服务而建立起来的跨部门的、综合性的业务应用系统平台。办事服务是政府网站服务性的核心。在线办事是政府网站为公众服务的重要功能。但早期的政府网站多以信息发布为主,着力于实时加载时事新闻类或消息类的信息。政府网站所提供的政府服务,多照搬传统的以政府职能为中心的服务内容和服务方式,在服务性方面往往有所缺失。尤其是随着社会的不断发展,信息化程度的加剧,公众接触政府网站的机会增加,不再满足于简单的信息发布,对政府网站的要求越来越高,网站建设的情况也是公众对电子政务评价的重点。

(4)统一规范。统一规范是为了反映各级政府及其门户网站之间是否进行了统一的规范和管理方式。具体包括服务栏名字的一致性,信息的共享性和数据库的统一性,检索和维护的方便性,是否有统一的电子政务实施标准和相关法律。由于大环境对于政府的影响，所以，政府的规划和任务都应该不断地改进。当前，电子政务的实施使我国政府的管理实现了扁平化的管理结构，这有利于促使政府政务及绩效管理的规范化，以不断适应政府在信息社会的发展变化和基本要求，并且能够更有效率地使政府运作规模趋于标准化。推动电子政务的发展，关键要做好整体规划和设计，制定统一的规范。

2. 服务效率指标

用政府的服务效率衡量电子政务绩效。政府服务的目标是社会效益的最大化，而社会效益包括经济效益和职能效益。在经济方面，办同一件事，为政府节约成本的同时也要为公众节约成本，为政府提高效率的同时也要为公众提高效率，这是将"以公众为中心"理念运用到电子政务中的目的。在职能方面，流程再造，将原来复杂的服务流程简单化，将原本不统一的信息整合化，用完善的制度、简单的流程和快速的回应提高社会公众的满意度，必将大大提高政府的形象。因此，要用政府的服务效率作为电子政务服务性评价指标的一个准则层。

（1）职能方面。职能方面指标是为了反映电子政务的运行在政府工作内容方面对政府的影响。具体包括政府职能和形象的转变，流程再造和信息整合。电子政务中，电子是手段，政务是关键，政府行政流程再造是政府适应并借助现代信息技术提高政务执行效率而进行的自我改造与革新，是实施电子政务的基础。电子政务随着政务的开展、技术的不断革新而发展，政府行政流程再造也不可能一劳永逸，是一个不断深入、不断变化的过程。流程再造和信息整合既是战略指标层，又有助于政府职能和形象的转变。

（2）公众方面。公众方面指标是为了反映电子政务的运行对公众方的影响。具体包括公众参政议政的比率和公众自主意识的提升，公众成本的节约和公众办事效率的提高。随着信息化的发展，政府的服务对象不仅局限于地方进行办事受理的人群，而是朝向多样化的趋势发展，其服务对象可能是需要帮助的残疾人，也可能是赋闲在家的离退休老人；可能是打工族，也可能是企业家；可能是本国公民，也可能是外国朋友，面向公众需求电子政务系统能为公众节约时间、节约办事成本、提高办事效率、提升公众的自主意识。公众是电子政务服务的接受者，公众方面指标能体现出电子政务给公众带来的实际价值。

（3）效益方面。效益方面是为了反映电子政务的运行对政府效益方面的影响。具体包括对政府成本的节约和政府办事效率的提高。对于电子政务绩效评估而言，投入是指政府成本。但由于政府的公共性特征，政府投入的成本一般是来自于政府无偿收取的税收，因此政府很少具有成本意识。电子政务从建设到管理，都要最大限度地降低电子政务的行政成本，提高经济效益。

3. 公众满意度指标

用公众满意度衡量电子政务绩效。政府推行"服务型政府"的实质所在，是要提高政府为公众服务的能力和水平。而公众是否满意现行的电子政务取决于公众对电子政务服务的认可、认知、信任；公众认为电子政务是否有价值取决于公众对电子政务服务项目的使用率和满意度。如果政府部门也像中国移动、中国联通一样，服务完后，由顾客对员工进行打分表示对该员工的服务是否满意，社会公众也对政府公务人员的服务进行评分，那么政府部门的服务将会更好。只有公众选择、接纳、使用并满意了电子政务服务，电子政务才会做得更好。电子政务重在政务，公众是政府的顾客，因此政府工作的质量归根结底取决于公众的满意度，电子政务服务的质量由公众评价才最有说服力。

（1）公众认可度。公众认可度是为了反映公众对现行的电子政务是否认可。具体包括支持电子政务的意愿和使用电子政务的意愿。我国电子政务发展尚处于初级阶段，不少用户对电子政务的功能、优势以及具体操作流程并不了解，直接影响其对电子政务的接受行为和使用意愿。应通过多方位、立体化的宣传，让公众方便、快捷地得到有关电子政务的各种信息，了解电子政务的益处。公众认可度越高，越能增强政府发张电子政务的信心，越有利于电子政务的长远发展。

（2）公众认知度。公众认知度是为了反映公众对现行的电子政务是否认知。具体包括对电子政务的熟悉程度和对电子政务功能的认知。电子政务提供的服务有时可能是一项很好的服务但并不为公众所知道，缺少宣传，使用者就会减少。认知是使用的前提，认知度越高，公众在需要时越选择该服务。该指标越大，说明公众对电子政务提供的服务认知度越高，因此该指标越大越好。政府部门应当对电子政务服务功能进行宣传，使公众意识到可以摆脱时间和空间的限制通过网络办理事务。在宣传过程中，可以充分利用网络媒体，向各种网络群体投放有关政府门户网站的信息，以增加公众认知度。

（3）公众信任度。公众信任度指标是为了反映公众对现行的电子政务是否信任。具体包括对电子政务的信心和对电子政务的支持。公众信任度不是单纯依靠政府在电子政务方面的表现，更多的是政府日积月累的公信力。在电子政务活动中，公众将个人相关信息提供给系统也是存在风险的。公众对政府部门的信任感越强，对电子政务的信任感越强，使用移动政务系统过程中感受到的隐私权被保护感以及所获信息的准确性高，公众才会倾向于接受移动电子服务，然后更加信任政府。

（4）公众使用度。公众使用度反映了公众对现行的电子政务的使用度。具体包括使用电子政务提供的服务项目的频率、数量和时间长短。只有积极培养公众参与意识，积极使用电子政务提供的公共服务，才能促进公共事务的民主决策和管理进步，从而进一步推动电子政务发展。公众使用度的增长不是一朝一夕的事情，只有电子政务提供的公共服务真正做到便民，公众感受到电子政务的益处，公众才会继续使用电子政务。

（二）面向公众需求的电子政务服务性评价指标体系维度分析

构建多指标综合评判模型，必须确定各指标的权重。权重的确定是否合理，直接影响到评价的科学性。确定基于指标体系的电子政务绩效评价指标权重时，最难把握的是指标彼此之间重要性量化的确定。运用层次分析法可比较准确地确定出各指标相对于某一目标的权重，是指将决策问题的有关元素分解成目标、准则、方案等层次，在此基础上进行定性分析和定量分析的决策方法（见表7-3）。它把人的思维过程层次化、数量化，并用数学为分析、决策、预报和控制提供定量的依据。这一方法的特点是在对复杂决策问题的本质、影响因素以及内在关系等进行深入分析之后，构建一个层次结构模型，然后利用较少的定量信息，把决策的思维过程数学化，从而为求解多目标、多准则或无结构特性的复杂决策问题提供一种简便的决策方法。层次分析法一般分为六个步骤，构造层次分析结构，构造判断矩阵，判断矩阵的一致性检验，层次单排序，层次总排序，决策等。

表7-3 面向公众需求的电子政务服务性评价指标体系

目标层	准则层	指标层
面向公众需求的电子政务服务 A	系统成熟度 B_1	以公众为中心 C_1
		沟通渠道的多样性 C_2
		政府网站建设 C_3
		统一规范 C_4
	服务效率 B_2	职能方面 C_5
		公众方面 C_6
		效益方面 C_7
	公众满意度 B_3	公众认可度 C_8
		公众认知度 C_9
		公众信任度 C_{10}
		公众使用度 C_{11}

1. 准则层权重的确定

为了使评判的结果更准确、合理，依据问卷的统计结果对3个准则层指标进行重要性的判定，因素相对重要性标度如表7-4所示。运用MEC软件计算出权重，并判断其一致性，在面向公众需求的电子政务服务 A 指标下得出统计结果对3个指标的判断矩阵及结果如表7-5所示。

表7-4 因素相对性标度

标度	定义
1	i因素与j因素相同重要
3	i因素与j因素略重要
5	i因素与j因素较重要
7	i因素与j因素非常重要
9	i因素与j因素绝对重要
2, 4, 6, 8	为以上两种判断之间的中间状态
倒数	j因素与i因素相比的重要程度

根据各个指标的重要性构造判断矩阵用近似算法进行计算,所得结果如下:判断矩阵B1~B3(相对于总目标而言,各准则之间相对重要性的比较)。

表7-5 面向公众需求的电子政务服务A指标下的判断矩阵

A	B1	B2	B3	ω(权重)	一致性检验
B1	1	3	5	0.6370	$\lambda max = 3.0385$,
B2	1/3	1	3	0.2583	$CI = 0.0193$, $RI = 0.58$,
B3	1/5	1/3	1	0.1047	$CR = 0.0332 < 0.1$ 通过一致性检验

2. 指标层权重的确定

与B1~B3相同,判断矩阵C1~C4(相对于系统成熟度指标而言,各指标之间的相对重要性比较)如表7-6所示。

表7-6 系统成熟度B1指标下的判断矩阵

B1	C1	C2	C3	C4	ω(权重)	一致性检验
C1	1	5	8	3	0.5675	$\lambda max = 4.0985$,
C2	1/5	1	3	1/3	0.1147	$CI = 0.0328$, $RI = 0.9$,
C3	1/8	1/3	1	1/6	0.0495	$CR = 0.0365 < 0.1$
C4	1/3	3	6	1	0.2683	通过一致性检验

判断矩阵C5~C7(相对于服务效率指标而言,各指标之间的相对重要性比较)如表7-7所示。

表7-7 服务效率B2指标下的判断矩阵

B2	C5	C6	C7	ω（权重）	一致性检验
C5	1/2	1	2	0.2857	λmax = 3， CI = 0，RI = 0.58， CR = 0 < 0.1 通过一致性检验
C6	1/2	1	2	0.1147	
C7	1/4	1/2	1	0.1429	

判断矩阵C8~C11（相对于公众满意度指标而言，各指标之间的相对重要性比较）如表7-8所示。

表7-8 公众满意度B3指标下的判断矩阵

B3	C8	C9	C10	C11	ω（权重）	一致性检验
C8	1	3	1/5	1/6	0.0536	λmax = 4.0985， CI = 0.0328，RI = 0.9， CR = 0.0365 < 0.1 通过一致性检验
C9	1/3	1	1/6	1/8	0.0307	
C10	5	6	1	1/3	0.1545	
C11	6	8	3	1	0.3026	

对指标层进行层次总排序如表7-9所示。因为各准则层下的指标与其他准则层没有关系，所以都为零。

表7-9 层次总排序

层次C \ 层次B	B1	B2	B3	总排序W
	0.6370	0.2583	0.1047	
C1	0.5675	—	—	0.5675
C2	0.1147	—	—	0.1147
C3	0.0495	—	—	0.0495
C4	0.2683	—	—	0.2683
C5	—	0.2857	—	0.2857
C6	—	0.1147	—	0.1147
C7	—	0.1429	—	0.1429
C8	—	—	0.0536	0.0536
C9	—	—	0.0307	0.0307
C10	—	—	0.1545	0.1545
C11	—	—	0.3026	0.3026

将指标进行排序,结果如表 7-10 所示。排序表明以公众为中心 C1 的权重最大,即表明以公众为中心最重要,则应把以公众为中心这一因素作为重中之重,其次为统一规范 C4,再次为职能方面 C5,等等。

表 7-10 指标排序

排序	指标	权重
1	以公众为中心 C1	0.3615
2	统一规范 C4	0.1709
3	职能方面 C5	0.1476
4	利益方面 C6	0.0738
5	沟通渠道的多样性 C2	0.0731
6	公众方面 C7	0.0369
7	公众使用度 C11	0.0317
8	政府网站建设 C3	0.0315
9	公众信任度 C10	0.0162
10	公众认可度 C8	0.0056
11	公众认知度 C9	0.0032

(三) 评价标准

所谓评价标准,就是对一个具体指标的不同等级的简要文字概述。目前,电子政务的评价指标只能简单地用有或无表示,而对指标具体达到什么水平则无法衡量。因此迫切需要制定评价标准来对指标的不同等级进行衡量。

1. 评价标准的原则

当评价指标权重确定以后,接下来是确定每一评价指标的评价标准。但在制定评价标准的过程中也要注意问题和需要遵循原则。

(1) 评价标准的定量要准确。当评价标准能用数量表示时应尽可能使用数量表示。同时,评价标准的定量必须尽量准确。准确包括三个方面:各指标标准的起止水平应该是合理的;各个标准的含义及相互间的差别应是明确合理的,评分应该是等距的;选择的等级档次数量要合理。

(2) 评价标准的内容要先进合理。所谓先进是指评价标准可以反映出组织的科学技术水平、管理水平,但又不至于使评价对象的每项指标都达到满分;所谓合理是指评价标准不能太严格,导致评价对象的评价分数都较低。

(3) 评价标准要具有相对稳定性。绩效评价指标是评价工作绩效的权威性文件,因此,要相当的稳定以保证标准的权威性。当然,这种权威性还必须建立在标准水平的适度性基础上。一般来说，标准一旦被制定，其基本框架不会改变。

（4）评价标准的文字要简洁通俗。确定评价标准时，应该尽量使用人们常用的大众化语言和词汇，表达要力求简明扼要，专业术语及模棱两可的词句尽量不要使用，以减少评价主体对词汇概念理解的不同而产生的评定差异。

2. 评价标准的示例

根据以上的原则尝试确定 C8 中的政府信息公开透明度的评价标准，如表 7-11 所示。

表 7-11 政府信息公开透明度的评价标准

具体指标	评价标准	得分
政务信息 公开透明度	没有编制政务信息公开目录，没有按要求做到网上公开	0
	政务信息公开目录编制不全，更新不及时，内容不完整，上网更新不及时	20
	政务信息公开目录编制基本完整，更新及时，内容基本完整，上网更新及时政务信息	60
	公开目录编制完整，更新及时，内容完整，上网更新及时	100

因此，可以看出，当一个地区或部门开展政务信息公开时没有编制政务信息公开目录，没有按要求做到网上公开，那么它将得不到相应的分数。只有该地区或部门的政务信息公开做到公开目录编制完整，更新及时，内容完整，才能完全得到相应的分数。

本书在具体评价体系的构建中，首先对评价指标的构建依据及构建原则进行研究，选取系统成熟度，服务效率及公众满意度作为准则层，构造面向公众需求的电子政务服务性评价指标体系，并具体分析各项指标含义，最后应用层次分析法确定各指标的权重，提出各项指标的评估标准，确立政府制定评估细则方向。

电子政务市场化建设是政府机构在运用各种网络通信技术及计算机技术的基础上，在互联网上重组政府组织结构、优化政府工作流程促进与社会之间的合作，利用竞争机制、价格机制、供求机制与约束机制，调动社会资源参与政府公共服务的供给过程，从而使基础政府更好地实现其管理和服务职能，打造让公众满意的农村政务公共服务。互联网的发展、信息的爆炸为电子政务的发展带来了契机，也对其提出了较高的要求。社会信息化水平的高低已然同国民经济一般成为衡量综合实力的重要标志。其中，基础政府掌握着大量的关键信息，成为极为重要的信息中转站，也承担着影响深远的信息化发展力量。

结束语

我国是农业大国,农村人口多,在地理分布上十分分散,人均耕地少,生产效率低,抗风险能力差,农产品在国际竞争中处于劣势地位。目前,我国农业正处于由传统农业向现代农业转变的时期,迫切要求农业生产服务部门能提供及时的指导信息和高效的服务。我国农村通信基础设施薄弱,为农业生产提供服务的管理部门在信息化方面起步较晚,农业电子政务建设与国外发达国家相比还有很大的差距。因此,为提高我国农产品的国际竞争力,促进农业生产的持续高效发展,必须大力发展农业电子政务。

自 2005 年中央一号文件提出"加强农业信息化建设"的战略部署后,政府加强对农业、农村信息化的重视。农村电子政务是根据农业信息化的需求,针对我国经济较发达地区农村实际,提出的建设农村信息化的概念,它的本体是电子政务,是电子政务在农村的延伸。农村电子政务是在互联网技术应用和传统信息技术系统的丰富资源相结合的背景下,通过计算机和网络实现村务管理以及信息服务的现代化,为农村农业农民提供优质、规范、透明的信息服务系统。它的主体是电子政务在农村中的应用和延伸,包括系统软硬件、参与系统的农民、农村行政机构、政府、企业等。电子政务具有公益性强、社会效益突出的特点,是一项长期任务,必须把政府推动、引导和市场机制有机结合起来。除政府部门外,各种社会或者商业组织都可以成为直接信息服务主体,政府从中扮演组织推动和监督管理者的角色,坚持政府主导,重视市场基础性作用,加快培育农村电子政务建设市场主体,发挥各方面积极性。政府的作用是积极创造良好政策环境,鼓励和支持各类有条件的民间组织和社会力量开展直接面向农村农业农民的公共信息服务,推动农村电子政务市场化建设。

对此,本书主要进行了以下五方面研究:

(1)农村电子政务需求与市场化建设动力。农村电子政务建设,必须了解农村现实情况,按照信息化建设的要求制定科学的规划,采用有效的方式循序渐进地推进此项工作,促使社会组织和私人企业发挥自身的优势,提高政府信息的

结束语

使用效率。近年来，信息技术的发展速度不断加快，大数据、云服务已经成为信息技术发展的一个必然趋势。将市场模式纳入到电子政务中，挑选优秀的企业负责在农村建立电子政务，不仅可以增加项目投资，还能促使企业发挥自己的专业优势和人才优势，提升电子政务的专业化水平，满足当地用户的使用需求。

（2）面向需求的农村电子政务市场化建设模式。政府在农村建立电子政务时选择外包方式能够促使各类主体参与此项建设工作，调动他们的积极性，以获得最大化的经济效益和社会效益。政府与企业建立合作关系，企业制定专业的方案，负责建设电子政务；政府对企业的工作进行监督和管理，确保电子政务达到预期要求。这不仅可以使企业的各项资源得到有效利用，还能使政府履行好自身的职责。政府利用电子政务将更全面、更优质的信息提供给农村居民，满足他们的农业生产需求，帮助他们获得更多的收益，为新农村的建设和发展创造良好的条件。政府在利用外包方式挑选优秀外包商时会开展招标工作，负责建立电子政务的管理部门可以按照实际情况挑选外包商，在将部分项目或全部项目交给外包商后，政府管理部门应与外包商进行交流及沟通，并与它们建立委托合作关系，外包商按照合同的规定开展相关工作。

（3）面向需求的农村电子政务市场化建设内容。电子政务建设市场化，是政府在政务信息化推进过程中，政府利用政治手段制定决策，出台相关标准，按照项目需求，以市场作为导向，加快电子政务的建设步伐，积极开展系统的维护工作，并为公众提供优质、全面的政务信息，向一些外包商转移部分或所有业务，采用竞争的方式挑选优质企业，利用市场化方式完成电子政务的建设工作。其目的是在政府仍是主导部门的前提下，利用市场模式，促使企业或社会组织发挥自身的优势，使各项资源得到最大化地利用，改善政府的服务水平和工作效率。

（4）面向需求的农村电子政务市场化建设风险——寻租分析。农村电子政务市场化建设中，电子政务建设项目外包过程中，政府、涉农政府主管部门与电子政务项目设计开发商之间的博弈均衡结果是否会出现设租或者是寻租现象，受三个方面的影响：一是对涉农政府主管部门贪腐活动与对其寻租活动的惩处强度；二是对相关部门的监察管理力度；三是评估审计制度是否有效健全。这三个方面达成一定的关系后，就可以有效避免寻租现象的出现，然而目前农村电子政务市场化建设中电子政务建设项目外包过程中由于监管力度较小，对电子政务项目设计开发商及涉农主管部门的惩处强度不大，使其不具备较强的震慑力。政府必须确立相关法律法规，加大监管机制的建设，健全有关体系的建设，同时合理地加强惩处力度，研究对策与措施，最大限度防范农村电子政务市场化建设中"寻租"风险的产生。防范农村电子政务市场化建设中可能产生的"寻租"风险，保持政府在农村电子政务市场化建设中的超越性，抛弃传统观念所认为的国家和政府全心全意为公共利益服务的观念，对政府及其公职人员进行法律层面、制度层面、行为层面以及思想意识层面的规范和约束。将政府从部门利益的分化与争斗、"权钱交易"的诱惑中解脱出来，致力于公共服务，致力于社会公平的实现。

（5）面向需求的农村电子政务的市场化建设策略。政府必须采取各种激励和诱导措施，使已经建成的农村电子政务系统工程广泛地为企业和居民所使用。换言之，政府有责任"推销"已经建成的农村电子政务应用系统，扩展农村电子政务应用系统的"市场"，使企业和居民了解它、使用它。这要求政府更加强调服务意识，使农村电子政务系统真正是一个服务于社会的系统而不仅仅是政府内部的一个办公系统，从而充分发挥已经建成的农村电子政务应用系统的效应。

农村电子政务市场化建设是一项系统工程，不能一蹴而就，电子政务在农村的建设和推进中任重道远，需要社会力量共同努力。农村电子政务的服务主体是广大农村的农民，农村电子政务市场化建设要以它们"是否需求，是否满意"为目标。满意度目标可以帮助农村基层政府实现向服务型政府转型。总之，农村电子政务建设以"需求和满意"为目标，结合农村当地实际的经济政治文化情况，有目标、有计划地逐步推进。当前农村电子政务市场化建设过程中存在一些客观制约因素，影响电子政务作用在农村的真正发挥，制约农村电子政务的发展。要促进农村电子政务发展，就必须克服农村电子政务建设过程中的问题，充分认识和把握农村电子政务论建设的内容和方向。

1）以服务为中心，电子政务密切与公众互动。电子政务通过信息和通信技术的应用，能为农村农业农民提供快捷方便、及时准确的交互式服务，这种互动式的、双向的直接沟通和服务，有利于促进政府与它们之间建立良好的关系。农村电子政务建设要以服务为中心，密切与农民互动，现有一些基层政府网站只是信息发布平台，与农民互动性还有待加强，因此，农村电子政务要加强政府与农民互动。同时，增强政府网站互动性的形式和途径，如在网站或网页中设置BBS、社区论坛或留言板，在网页设置基层政府的公共邮箱，并对农民电子邮件予以回复，政府完善农民群众参与的途径和渠道，以便了解农民需要，为三农服务。

2）以设施为基础，电子政务构筑运行平台。实施电子政务要大力支持信息基础设施建设，农村信息基础设施落后是制约农村电子政务建设的瓶颈因素，而信息基础设施落后往往与农村地区经济发展落后相关。因此，政府应加大农村信息基础设施建设的财政投入，要研究开发计算机硬件和软件，开发网络信息技术，确保有足够的财力、物力和技术支持农村信息基础设施建设。我国政府对这一问题给予了高度的关注，当前各级政府和部门组织实施的"村村通"工程和

"中国农业信息网"建设工程,就是政府为改善农村地区信息基础设施状况而采取的有力措施。虽然目前我国农村信息基础设施建设得到了一定的改观,但农村信息基础设施建设路还很长。市场化建设是设施硬件建设的可行之路。

3）以教育培训为依托,电子政务促进农民参与。农村电子政务的实施必须提高农民参与能力。由于农民整体科学文化素质偏低,缺乏现代信息技术,需要农村基层政府对农民的培训进行积极的引导。农村政府可以设立信息查询室,指导农民在网上搜索有用信息或所需信息,引导农民上网发布与获取产品信息,寻找农产品买家,利用网上提供的市场信息解决农产品销售问题。农民还可以从网上获取大量的农业科技信息,为提高农业生产能力服务。另外,农村政府可以设置专门的培训班,组织农民进行计算机培训,基本内容包括"操作基础"和"使用基础",通过计算机基础知识、文字录入和网络培训,让农民上网浏览文本,通过培训能提高农民参与电子政务的意识和能力,在市场化建设过程中发挥农村电子政务的作用。

4）以网站建设为主体,电子政务加强信息服务。农村基层政府网站建设的目标是为农村农业农民服务。要为农民提供实际有用的信息,改变目前政府网站仅从政府管理的角度进行网上政务信息发布。政府网站应该为农民提供比如农产品市场信息、农业科技信息等与农民群众生产生活息息相关的信息。为了方便农民用户在网站上搜索、阅读和发布有用的信息,政府要做好网站导航设计。导航信息明了,导航性强,网站上的搜索引擎、菜单栏、网站地图等要方便农民搜索、阅读和发布信息。网站链接是从一个网站链接到其他网站的必要途径,政府要建设好网站的链接,页面链接不通或链接错误会使用户在网站使用过程中出现页面报错,影响浏览,因此要保证网页页面的正确链接。农村政务网站要建立信息及时更新机制,及时更新网页上的信息。另外,农村基层政府要引进和留住高级信息技术人才,为规范政府网站建设提供人力保证。

本书研究可能存在观点偏颇以及表述欠妥等问题,不够完善之处,至少有以下两点：其一,对农村电子政务市场化建设策略分析还有待完善,本书多从政府角度提出建设对策和建议,对市场和社会力量的发挥以及三者在农村电子政务建设中如何建立合作关系的内容论述欠缺；其二,本书缺少案例分析。

抛砖引玉,希望以后的研究者对农村电子政务内容、建设原则以及市场化动作模式等有更为详尽、科学的阐述,尤其是对我国农村电子政务建设策略有更加具体而完善的论断,弥补本书的不足。

参考文献

[1] 孔晓娟, 邹静琴. 中国农村电子政务发展现状及模式研究综述 [J]. 电子政务 2015 (2).

[2] 邓磊. 我国农业电子政务发展趋势探析 [J]. 农业网络信息, 2008 (5).

[3] 2015 年中国农村中国互联网发展状况调查 [EB/OL]. http://www.ifengwo.com/wang luog uanggao/201611/28－277694.html.

[4] 陶振. 农村公共服务市场化: 风险与防范 [J]. 求实, 2009 (2).

[5] 高万林, 李桢, 张港红. 农村电子政务应走"三位一体"发展之路 [J]. 中国农村科技, 2012 (6).

[6] 赵丽敏等. 村级电子政务现状及发展对策分析 [J]. 农业工程, 2012 (9).

[7] 刘邦凡, 王燕, 施永福. 生态理论视域下的我国农村电子政务建设 [J]. 中国行政管理, 2009 (10).

[8] 刘延滨, 魏洪雨, 廖作芳. 政府信息资源开发利用的市场化探讨 [J]. 科技创业月刊, 2012 (5).

[9] 罗利华, 陈文满. 农村电子政务建设探索 [J]. 科技情报开发与经济. 2009 (2).

[10] 周海琼. 新农村电子政务系统构建的研究 [D]. 华中师范大学博士学位论文, 2012.

[11] 杨兴凯, 张笑楠. 新农村电子政务建设模式研究 [J]. 中国信息界, 2013 (1).

[12] 赵丽敏. 村级电子政务现状及发展对策分析 [J]. 农业工程, 2012 (9).

[13] 贺卫. 寻租经济学 [M]. 北京: 中国发展出版社, 1999.

[14] 卢现祥. 寻租经济学导论 [M]. 北京: 中国财政经济出版社, 2000.

[15] 宋建辉. 农业电子政务应用研究 [D]. 武汉大学, 2012.

[16] 李小云. 中国农村情况报告 [M]. 北京: 社会科学文献出版社, 2014.

[17] 卢丽娜. 世界农村信息化的进程及发展趋势 [J]. 中国信息界, 2012 (1).

[18] 邱桂林. 唐启国. 农业信息资源的开发和利用 [J]. 农业经济, 2000 (5).

[19] 刘启君. 寻租理论研究 [D]. 华中科技大学博士学位论文, 2006.

[20] 张向达. 政府寻租及寻租社会的改革 [J]. 当代财经, 2010 (12).

[21] 丹尼斯·C. 缪勒. 公共选择理论 [M]. 杨春学译. 北京: 中国社会科学出版社, 1999.

[22] 汪翔. 公共选择理论导论 [M]. 上海: 上海人民出版社, 1993.

[23] 许云霄. 公共选择理论 [M]. 北京: 北京大学出版社, 2006.

[24] 萨缪尔森, 诺德豪斯. 经济学 [M]. 北京: 中国发展出版社, 1992.

[25] 乔治·斯蒂格勒. 价格理论 [M]. 北京: 北京经济学院出版社, 1992.

[26] 林波. 公共产品的生产者与提供者 [J]. 科学决策, 2005 (10).

[27] 塔洛克. 寻租——对寻租活动的经济学分析 [M]. 李政军译. 重庆: 西南财经大学出版社, 1999.

[28] 巴格瓦蒂. 直接非生产性寻利. 新帕尔格雷夫经济学大辞典第一卷. [M]. 北京: 经济科学出版社, 1996.

[29] 王猛. 我国转型时期权力寻租分析及对策: [D]. 北京师范大学硕士学位论文, 2005.

[30] 方福前. 经济人范式在公共选择理论中的得失 [J], 经济学家, 2001 (1).

[31] 方福前. 公共选择理论——政治的经济学 [M], 北京: 中国人民大学出版社, 2000.

[32] Ram Mudambi, Pietro Navarra. Is knowledge power? Knowledge flows, subsidiary power and rent – seeking within MNCs [J]. Journal of International Business Studies, 2011 (5): 385.

[33] Ari Kuncoro. Corruption and Business Uncertainty in Indonesia [J]. ASEAN Economic Bulletin, 2011 (1): 11 – 30.

[34] Andrés Rodríguez – Pose. Michael Storper. Better Rules or Stronger Communities on the Social Foundations of Institutional Change and Its Economic Effects [J]. Economic Geography, 2012 (1): 1 – 24.

[35] Edward Steinfeld. From Mao to Market: Rent Seeking, Local Protectionism, and Marketization in China [J]. The Journal of Asian Studies, 2013 (3): 787-788.

[36] Patrick McNutt. Rent-seeking and Political Tenure: First Estimates [J]. Public Choice (1968-1998), 2010 (3): 369.

[37] Jacob K. Goeree, Charles A Holt. Classroom Games: Rent-seeking and the inefficiency of non-market allocations [J]. The Journal of Economic Perspectives, 2012 (3): 217-226.

[38] Egon Franck, Carola Jungwirth. Reconciling Rent-seekers and Donators-The Governance Structure of Open Source [J]. Journal of Management & Governance, 2013, 7 (4): 401.

[39] Venkatamllu Thadaboina. ICT and Rural Development. A Study of Warana Wired Village Project in India [J]. Transit Stud Rev, 2009 (16): 560-570.

[40] Clarke K. Cartography in a Mobile Age [J]. International Cartographic Conference, 2009 (8): 54-55.

[41] Narasimhaiah Gorla. Hurdles in Rural E-Government Projects in India: Lessons for Developingcountries, Electronic Government [J]. An International Journal, 2008 (1): 91-102.

[42] K. Layne, J. Lee. Developing Fully Functional E-government: A Four Stage [J]. Model. Government Information Quarterly, 2009 (9): 134-140.

[43] Jyoti Choudrie, Vishanth Weerakkody, Stephen Jones. Realizing E-Government in the UK: Rural and Urban Challenges [J]. The Journal of Enterprise Information Management, 2009, 18 (5): 568-585.

[44] Biswanath Giri, V. K. Jeevan. Eradicating Untested Preconceptions in Rural Society through Scientific Information Support System [J], IASLIC Bulletin, 2012 (3): 178-187.

[45] J. A. Salem. Public and Private Sector Interests in E-Government: A Look at The Doe's Pub SCIENCE [J]. Government Information Quarterly, 2013 (1): 23-30.

[46] C. S. Thompson. Enlisting On-Line Residents: Expanding the Boundaries of E-Government in A Japanese Rural Township [J]. Government Information Quarterly, 2012 (1): 167-170.

[47] Leeson, Peter. Democratic Constitutional Design and Public Policy: Analysis and Evidence [J]. Public Choice, 2007 (1): 245-246.

[48] Witesman, Eva. Players in the Public Policy Process: Nonprofits as Social Capital and Agents [J]. Journal of Policy Analysis & Management, 2007 (1): 204-206.

[49] Horton S. Social Capital. Government Policy And Public Value: Implications For Archive Service Delivery [J]. Aslib Proceedings, 2006 (1): 502 – 506.

[50] Knleger A. O. The Politieal Eeonomy of the rent Seeking Soeiety [J]. Ameriean Economiereview, 1974 (64): 7 – 14.